人生が変わる！
お金が入る！

金持ち体質と貧乏体質

オールイズワン代表／心理カウンセラー
石原加受子

KKベストセラーズ

まえがき

自分の価値を低く見積もっていませんか

私が常々、思っていることは、世の中の大半《たいはん》の人たちが、自分の価値に対するお金の額を「非常に低く見積もっている」ということです。

ここで仮に、日本の富のすべてを合算させて、それを均一に公平に分配するとすれば、「私たちの誰もが、数千万円の小金持ちであることが当たり前」で、むしろこれが平均的な金額なのではないでしょうか。

それも決して現代人のようにあくせく働くのではなく、ゆったりと自分のペースで、その豊かさを満喫しながら、というのが本来のあるべき姿だと言えるでしょう。

にもかかわらず、どうして実現していないのでしょうか。

一言で言うと、まさにそれは、私たち個々の〝自己評価の低さ〟にあります。

「贅沢を言ってはいけない。今の生活で満足しなければならない」

「こんな生活ができるだけで、感謝しなければならない」

「欲を出したら、きりがない。今の生活に満足してこそ人間らしい」

「将来、せめて路頭に迷わないだけの貯蓄ぐらいしておきたい」

あなたは、「無意識」にこんなふうに思ってはいませんか。

あるいは、

「金持ちになるには、一発勝負で当てるしかない」

「とにかく戦って、人に勝たなければならない」

「金持ちになるためだったら、どんな手段を用いることも厭《いと》わない」

などと、知らずのうちに社会を敵にまわして、戦っているかもしれません。

とりわけ罪悪感の強い人は、心の奥底で、

「私は、お金持ちになってはいけない」

「満足できる生活をしてはいけない」

と思い込んでいます。そのために、自分がお金持ちになったり幸せに〝なりそう〟

になると、

「こんなに儲《もう》けると罰が当たるかもしれない。今は幸せでも、いきなり不幸が襲ってくるかもしれない」

などと恐れを抱き、お金持ちになることや豊かな生活になることにブレーキをかけます。

こんなふうに、自ら貧乏であることを望んでいるような「我慢する、争う、罪悪感を抱く」といった意識を、私は本文で、「貧乏体質三原則」と呼んでいます。

すなわち、これが「自己評価の低さ」を表すものです。


「お金持ちにならない」と、あなたが自分で決めている

お金持ちになりたいと願って、いろいろな本を読んで実践したり、お金持ちになるための思考法やイメージ法を実践している人たちも少なくないでしょう。

果たして、そんな人たちは願いが叶っているのでしょうか。

貧乏体質というのは、結局、前記しているように、

「私は苦労しなければならない。厳しい人生を歩まなければいけない」

と自分で決断しているようなものです。

「私が豊かな生活をすることは許されない。お金持ちになって、人生を楽しんではいけない」

と宣言しているようなものです。

どんなに顕在意識でお金持ちになりたいと望んでも、無意識のところでこんなふうに決めているのが自分自身であるとしたら、お金持ちになれるわけがありません。

今の社会では、圧倒的多数の人が、こんな「貧乏体質」ウイルスに感染しています。ウイルスが社会に蔓延すればするほど、当然のことながら、持てる者と持たざる者との格差は拡大していくでしょう。

あなたが、自分をどんなふうに認識しているのか。

あなたが、気づかずにどんな意識を抱《いだ》いているのか。

イメージや思考によって惹起《じゃっき》される〝願望〟パワーよりも、あなたが毎日の経験や、経験によって感じる〝実感〟パワーのほうが、はるかに強大です。

あなたが、無意識のところで罪悪感や恐怖を抱いていれば、それが形になります。

自己評価の低いあなたがいれば、それが現実の「今」のあなたです。

意識を変えるだけで、簡単にお金持ちになる

しかし、見方を変えれば、むしろ楽勝です。

なぜなら、そんな貧乏体質意識を、可能な限り解放していけば、それだけで、勝手にお金が入ってくる意識が育つからです。

これまで、あなたがお金持ちになれると信じてやっていたことは、まったくのデタラメでした。

今、あなたが実際にお金持ちになっていないとしたら、それが証拠です。

その原因が貧乏体質意識にあるのだとしたら、それを手放すだけで、勝手にお金が入ってくる「金持ち体質」に変わるのです。

金持ち体質になれば、これからは、頭であれこれ策を巡らしたり、思考で損得勘定をしたり、目先の利益に囚われて熾烈《しれつ》に戦ったりするといった、無駄なことをし

ないですみます。

あなたは単に、貧乏体質の改善に励むだけでいいのです。それだけで、あなたの「無意識」が、勝手にお金をあなたに運んでくれるのですから。

石原加受子

目次

第3章

根底の意識が変われば、勝手にお金が入ってくる ―― 085

第4章 「ラクにお金持ちになれる」が、自分中心の醍醐味

第5章

お金持ちになるかどうかは、すでに自分が決めている

お金持ちになるかどうかは、すでに自分が決めている――163

第6章

金持ち体質になると、人生が変わる ―― 197

第1章

あなたは、金持ち体質？貧乏体質？

お金持ちならではの体質を理解する

お金持ちの言動パターンを探る

私は、パソコンで興味のある記事をネットサーフィンしているとき、ふと目に留まったお金持ちになる方法の記事を見たり、実際に億万長者になっている人たちのブログやメルマガを読んでみることがあります。

ただし、私は、少々見方が異なります。

どういう人が、どういう形で自分の目的を達成したのか。そういう人が、ふだんどういう意識をもっているのかに興味を抱きます。

そんな記事の中から、あるいは、お金持ちの人が話をしたり書いたりしているその内容から、お金持ちになることができた人たちに共通する言動パターンや、その言動パターンのいわば基礎になっている「土台の意識」を探るのが面白いからです。

私は、カウンセリング業務に携わりはじめて、28年ほどになります。守秘義務があるために、それぞれの方々の情報を詳しくお伝えすることはできませんが、相談者の方々の中には、もちろんお金持ちもいます。

必要がなければ、仕事の内容を根掘り葉掘り尋ねたりはしないのですが、話を聞いていればわかりますし、立ち振る舞いや表情、身なりからでも察しがつきます。

中には、長年おつき合いをしていて、どうしてこんな生活をしていられるんだろうかと不思議に思っていたところ、何年も経ってから「ああ、資産家だったんだ」と知ったこともあります。

私は、自分独自の心理体系を自分自身で組み立てた「自分中心心理学」を提唱しています。

この自分中心の根幹をなす最も基本的な概念は、「自分中心」と「他者中心」という捉え方です。

既刊本の文庫化も含めると、これまでに多分80冊以上の本を発刊していますので、すでにご存知の方々もいるでしょう。何冊も読んでくださっている読者にとっては、飛ばして読みたいところでしょうが、初めての読者の方々もいらっしゃると思うので、少しおつき合いください。

お金持ちは、「自分中心」の生き方

冒頭ですぐに「自分中心」と「他者中心」の話をもってきたのには、わけがあります。

それは、自分がどちらの生き方で生きるか。それによって、幸せなお金持ちになるか、不幸せなお金持ちになるか、あるいはお金持ちになれないかが決まってしまうからです。

「自分中心」の生き方をすれば、スムーズにラクにお金が入ってくるようになります。本書ではこれを「金持ち体質」と呼ぶことにしましょう。

自分中心になって、金持ち体質を磨けば磨くほど、幸せであることを実感しながら、「継続的なお金持ち」になることができるでしょう。

他方、「他者中心」の生き方をすれば、仮にお金持ちになれたとしても、苦労や困難、トラブルや争いが絶えません。お金は湯水のごとくあるけれども、すでに家庭は崩壊しているという大金持ちも少なくありません。しかも、そんな他者中心の場合は、「大金を得て失う」というパターンがセットになったお金持ちであるかもしれません。

実際のところ、超貧乏から年収一億円、二億円というような謳《うた》い文句でお金持ちになった実績を商材としてネット商法をやっている人たちの中には、この「大金を得て失う」がパターンになっている人もいるに違いありません。

私たちの目に留まるのは、その人たちが大金を稼いだピークのときだけで、その後の数年後、十数年後、数十年後にその人たちがどうなったかを、追跡調査しているわけではありません。だから、その人が継続的にお金持ちであり続けているのか、「大金を得て失う」というパターン通りに財産をすっかり失ってしまっているのかはわからない、というのが実情です。

「それでもいいよ。ずっと貧乏だったから、一度ぐらい大金持ちというのを味わってみたいよ」

と言う人は、それでいいかもしれません。ただ、残念ながら、もし、あなたがそういうふうに思ってしまうとしたら、正直なところ、得てなくす以前に、大金を得ること自体が難しいタイプと言えるでしょう。

なぜなら、超貧乏から億万長者になった人たちは、すでにそうなる以前に、その生い立ちや環境が一般的な、いわゆる〝普通の人〟たちとは異なっていると推測できるからです。

お金持ちになって、最終的には無一文になってしまう人であったとしても、そういう人はある部分、金持ち体質の面をもち合わせています。恐らくそれは、親子関係や成育環境の中から身につけたものでしょう。

金持ち体質の人は、たいして努力をしなくても、すでにその資質を有しています。そうでない人は、お金持ちになれるという本を懸命に読み漁ったり、さまざまセミナーを熱心に受けたりしても、お金持ちになることができません。

どんなに努力しても最初から、お金持ちになれない人もいるのです。

これをここでは、「貧乏体質」と呼ぶことにしましょう。

他者中心だから、貧乏体質になる

こんなことを言ったら、

「じゃあ、私が貧乏体質だとしたら、もう、絶対にお金持ちになることはできないのでしょうか」

と絶望的な気持ちになってしまう人もいるでしょう。実際に、「確かに、どんなに努力しても……」と心当たりがある人もいるはずです。

もちろん、そうではありません。

変えることができなければ、これからいろいろ述べる意味がありません。貧乏体質を金持ち体質に変えることができるからこそ、書いているのです。

その根本原理となっているのが、「自分中心」と「他者中心」という概念なのです。本当は、概念というよりは、〝意識のあり方〟と〝その実感〟といったほうが、わかりやすいかもしれません。

「自分中心」と「他者中心」とでは、生き方が正反対になります。これは長年心理業務に携わっている私にとっては、すでに実証済みの事実だと確信をもってお伝えできることです。

お金に関しても、それは同様です。

どんなに努力しても、まったく自分の思った通りにならない。

あれこれ工夫してみるけれども、どうしてもうまくいかない。

うまくいきかけたと思っても、やっぱり失敗してしまう。

「今度こそ」と思って投資しても、失ってしまう。

あがくばっかりで、どこから手をつけていいか、皆目見当がつかない。

行くところ行くところ悪辣《あくらつ》な環境で、お金が貯まるどころではない。

こんなふうに経済的、金銭的に行き詰まってしまう人は、人生の「土台」が、最初から間違っているのです。

これから自分中心に生きてラクにお金を得るか、それとも、他者中心に生きて困難に耐え、人と争いつつ苦労しながらお金を得るか、それはひとえにあなたしだいなのです。

貧乏になるための「貧乏三原則」とは？

「自分中心」は、「自分の気持ち、感情、欲求」を大事にする

ではここで、もう少し、「自分中心」と「他者中心」の概念を述べていきましょう。
まず、自分中心というのは、「自分の気持ち、感情、欲求」を非常に大事にします。

- **自分の望みを叶《かな》える。**
- **自分の心に寄り添う。**
- **自分の心を満たす。**

・自分の満足を優先する。

ということを、自分自身が心から認め、それを目指します。

こんなふうに書くと、

「それって自己チューじゃないですか」

と思ってしまいませんか。

ところが、違うのです。

あなたがこれを「自己チュー」と思ってしまうとしたら、すでにあなたは、大きな勘違いをしています。

この勘違いが、金持ち体質と貧乏体質の違いなのです。

実際のところ、ほとんどの人が「他者中心」に陥っていて、

「幸せになりたい」

「自分らしく生きたい」

「自分の願った通りの人生を送りたい」

あるいは、この本のテーマである、

「お金持ちになりたい」

「未来の生活が保証されるほどのお金がほしい」

と願いつつも、無意識のところではそうは思っていないのです。

「そんな馬鹿なッ。お金持ちになりたくないなんて、そんな人間がいるはずがない。100%とは言わないけれども、99・9%の人間は、お金がほしいと思っていますよ」

と言いたくなるかもしれません。

もちろん、顕在意識ではそうでしょう。

しかし、今、実際に、あなたがお金持ちになりたいと望んでいながらも、そうなっていないのだとしたら、**あなたの無意識は、「お金持ちになることを望んでいない」と言うしかないのです。**

無意識に否定的なことを考えていませんか

厳密に言えば、もちろん「お金持ちになる」ことを望んでいないわけではありません。しかし、私たちは無意識のところで、いろいろな思いを抱いています。

お金持ちになりたいと思っていても、お金持ちになりたいと欲する気持ちよりも、「でも、自信がないから、無理かもしれない」

という思いのほうが強ければ、「お金が入るのは無理」という結果になるでしょう。

なぜならそれは、自分の無意識が、知らず知らず「無理」という結論を導き出す方向に行動を選択していくからです。

いわばこれが、顕在意識と無意識のギャップです。

もちろん無意識のことですから、私たちは自覚できません。けれども、自覚しようがしまいが、無意識の思いは強大で、顕在意識の思いをはるかに凌駕《りょうが》します。

この差が、自分中心と他者中心の差だと言えますし、また、金持ち体質と貧乏体質との差だとも言えるでしょう。

どんなにお金持ちになりたいと望んだとしても、自分が無意識のところで否定的な意識を強く抱いていれば、その意識が、お金持ちになることにブレーキをかけてしまうのです。

「けれども、自分が無意識のところでどう思っているかなんて、無意識のことなんだから、わかるわけがありませんよ」

そう言いたくなるかもしれませんが、実は、そうでもないのです。

もしかしたら、あなたは、

「結果なんて、やってみないとわからないことだ」

と思っていませんか。

「一財産築けたとしても、やり甲斐《がい》のある仕事に就けたとしても、偶然そんなチャンスが訪れただけであって、誰もが望んだ通りになんて、なるわけがない。そんな人たちは、たまたま運がよかっただけですよ」

もし、あなたがそう信じているとしたら、そうなるでしょう。しかしそれは、「たまたま運がよかった」わけではなくて、飽くまでもあなたがそう信じていたので、そうなったということです。

そして、またあなたが、そう思いながらも、

「たまたま幸運に恵まれる人間はいる。けれども、自分にそんなチャンスがやってくることはないだろう」

と強く信じていれば、これも、自分が信じているから、そうなることでしょう。

「我慢」するから、貧乏体質になる

「意識」の話については、改めて別の章で取りあげますが、あなたの人生がどんなものになるかは、あなたが自分で決めています。同様に、あなたがお金持ちになるかどうかも、あなた自身が自分で決めているのです。

繰り返しますが、あなたがお金持ちになりたいと顕在意識で思っていたとしても、

それが、今もなお実現していないとしたら、無意識のあなたがそれに抵抗しているからだと言えるでしょう。

例えば、「我慢」というのはすべてのことに通じるのですが、この「我慢」も、貧乏体質に陥ってしまう典型的なパターンの一つです。

それは、一言で言うと、自分が自分に対してお金持ちになることを〝許していない〟という意識です。

では、どうして、自分にそれを許すことができないのでしょうか。

一つは、もしかしたら、自分の欲求を満たしたり自分が満足することを追求すれば、他者とトラブルや争いが起こるので、それを恐れて「我慢しなければならない」と思い込んでいるのかもしれません。

自分中心心理学では、「自分の気持ち、感情、欲求」に寄り添って、可能な限り自分を優先し、それを満たしていくことを目指しています。

けれどもこんなふうに言うと、

「自分を優先すれば、相手が不利益を被《こうむ》るし、反対に相手を優先すれば、自分が不利益を被るというふうに、お互いのメリットは常に対立するから、両方にとって有益であるということは、存在しないんじゃないでしょうか」

と答える人がいます。

実のところ、これもすでに思い込みなのです。

「貧乏になるための三原則」に囚われていませんか

例えば、あなたは小さい頃、兄弟姉妹で、好きな料理やお菓子を我先にと奪い合って食べた経験はありませんか。このとき親が、

「あなたは、一番上なんだから、妹や弟のものを奪ってはダメでしょう！」

などと、たびたび叱られていたとしたら、あなたはこんな経験から何を学習するでしょうか。

・**自分が望むものは人（兄弟姉妹）も望んでいるから、必ず奪い合いになる。**

・奪い合って自分のものにすれば、叱られる（罰を受ける）。
・それでも得ようとすれば、罪悪感を覚える。だから、我慢する。

もしあなたが、過去の環境とその経験によって、こんなふうに思い込んでしまっているとしたら、

「お金を得ようとすると、人と奪い合って争いになる」と思って我慢するでしょう。

仮にもし、それでも得ようとすれば、罪悪感を覚えることになるでしょう。罪悪感を覚えれば、その罪悪感から、お金を手放すことを無意識に選択するでしょう。

お金を手放すことで、罪悪感を覚えることから解放されるとすれば、あなたにとっては、お金よりも、罪悪感を解消することのほうが重要だし有益である、ということになるでしょう。

あるいは、ほしくても最初から我慢していれば、罪悪感を抱かないですむから、最も安全だということとなるでしょう。

これを顕在意識だけから見ると、「お金持ちになりたい」という願いは叶ってい

ません。

他方、無意識の自分から見ると、「罪悪感を解消できる」という点では叶っています。

こんなふうに、顕在意識と無意識の両面から眺めてみると、あたかも正反対のことが起こっているような「叶い方」になってしまうのは当たり前、というのが意識の世界なのです。

しかも、たったこんな小さな経験であっても、こういうことがたびたび繰り返されると、「争って奪い合うこと」・「我慢すること」・「罪悪感を覚えること」といった、まさに「貧乏になるための三原則」が疑うこともなく、知らずのうちにしっかりと身についてしまうのです。

金持ち体質と貧乏体質の「意識」の差

本を読んだだけでは、お金持ちになれない

お金持ちになれる本というものを探してみると、一つの言葉を唱えたり、イメージを描くことでお金持ちになる方法や、グッズを身につけたり飾ったり、掃除や片づけや願掛けや、方位、改名、家相、墓相といったものまで、ありとあらゆる方法が提唱されています。

どの本も実際に読んでいるときは、「なるほど、そうか」と納得したり、「こうい

うふうにすればいいのか」と感心したりするでしょう。しかし、いざそれを生かして実践してみようという段階になると、

「どこから始めたらいいか、わかったようでわからない」

「どんなにやっても、全然、お金が入ってこない」

「むしろ、いろいろなものにお金をつぎ込んで、借金まで抱えてしまった」

などと、笑うに笑えないことまで起こってしまいます。

ある人が、

「私はお金持ちになるための秘訣はあると思うんですね。でも、本当のお金持ちたちが、そんな大事な秘密を、本なんかで教えてくれるわけがありませんよ」

と言っていました。確かに一理あると思います。

誰もが、本を読むだけでお金持ちになれるのであれば、この世はみんなが豊かになって、お金持ちであふれているはずですから。

ただ個人的な感想としては、本気になってお金持ちになる方法を伝えている人たちも少なくないと思っています。それは、「自分中心」の考え方と一致することが、

少なからずあるからというのが理由です。

その一方で、

「こんな伝え方では、実際に実践するのは難しいだろうな」

と思うこともあります。

中には、自分中心の視点からみると「そう、そう、そう」と大きく相槌《あいづち》を打ちたくなるほどよくわかる。そんな箇所が、他者中心に陥っている人たちにとっては、

「そんなこと、当然じゃないか。誰でも知っているよ」

という感じでさらりと流れてしまったり、

「何を言っているのか、さっぱりわからない。意味がわからない。そんなことが、どうして重要なんだ」

で終わってしまうというふうに、正直なところ、ここが金持ち体質と貧乏体質の意識の差なのかもしれません。

金持ち体質の「意識」を理解することからはじめよう

自分の思っていることが、相手の思っていることと同じだと考えるのは、はなはだしい勘違いです。

実は、お金持ちがどんなに本気でお金持ちになる秘訣を伝えようとしても、なかなか伝わらない。そこにしっかりと書いてあるにもかかわらず、貧乏体質の人には、それが見えていません。

私たちは、外見的には同じ姿形をしています。

けれども、自分の中に備わっている資質はそれぞれ異なります。

そんな資質は、容姿と違って目に見えません。

その人が、どんな環境で育ったのか、どんな体験をしてきたのか、そんな環境でどんな意識をもったか、今、どんな意識をもって生きているのかといったことを知ることはできません。

ある人にとっては、まったく当たり前のことであったとしても、別の人にとっては、そんな発想など、ひと欠片《かけら》ほど思いつかないかもしれません。

ある人は、ためらいもなくAを選ぶときも、別の人には、Aを選べばとんでもないことが起こるように感じられることもあるでしょう。

ある人にとっては、金のなる木と言えるような情報であったとしても、別の人にとってはそれが無用《むよう》の長物《ちょうぶつ》のように見えて、丸めて捨ててしまうかもしれません。

ある人が、情報などを発信したとしても、それをどういうふうに受け止めたり解釈するかは、受け手の問題です。発信者と受信者の感性や資質や意識のレベルが等しいかそれに近ければ、受信者は、発信者の意図や目的やその方法を理解できるでしょうが、受け止め方や理解力に差があれば、それが正確に伝わることはないでしょう。

だから、まったく同じことを実践したとしても、すぐに効果が得られる人とそうでない人の差が出てくるのは、当然のことです。

つまり、経験していないことは、わからないということなのです。

受信者の問題だけでなく、発信者のほうも相手が理解できていないことが、「わかっていない」かもしれません。自分が経験してわかっているのだから、相手もわかっていると、勝手に思い込んでしまっていることも少なくありません。

こんなふうに、発信者がどんなにお金持ちになれる貴重な情報を伝えたとしても、その伝え方が受信者にうまく伝わらなければ、両者の溝を埋める術《すべ》もなく、貴重な情報も紙くず同然のものとなってしまう、ということがあるのです。

先に述べたように、私たち一般大衆のほとんどが、「貧乏になるための三原則」を生まれたときから、しっかりと自分の心に刻んでしまっています。胎内にいるときにも影響を受けるとしたら、誕生前から学習していることになります。そういう意味では、大半の人たちが貧乏体質だと言っても過言ではないでしょう。

そもそも金持ち体質の人は、この三原則の中で生きていません。

もともと三原則から外れている金持ち体質の人が、三原則そのものの貧乏体質の人に、お金持ちになる方法を伝えようとしても、最初から土壌が違うのです。どんなに貧乏体質の人が金持ち体質の人のやっていることを真似て実践したとしても、それは単に表面をなぞっているだけであって、金持ち体質の人が当たり前のように得ている結果を、貧乏体質の人が得られないのは、道理だと思いませんか。

思考やイメージだけでは、お金持ちになれない

どんなに思考でお金持ちになる方法を考えたり、頭の中でお金持ちになっているイメージを描いたとしても、それが実現する可能性はかなり低いでしょう。

それは最初から、金持ち体質と貧乏体質とでは、その経験に雲泥の差があるからです。しかも、毎日の生活の中で起こる出来事や事象は、実際の経験ですから、非常にリアルです。思考やイメージで感じる〝実感〟と、生活レベルで感じる〝実感〟とでは、まったく比較になりません。

毎日、「お金がほしい、お金がほしい」と呟《つぶや》いている人が、ある決まった時間だけ、

「私はお金をたくさん持っている。潤沢《じゅんたく》な財産と資産で、贅沢に楽しく暮らしている」と思考したりイメージしたりしたとしても、これが実現することは、ほぼないでしょう。なぜなら、「お金がほしい、お金がほしい」と呟いているとき、その本人が〝リアルに実感している〟のは、「お金がない」という実感のほうだからです。

毎日、お金がないことを強く実感しているのですから、お金が入るわけがありません。

イメージや思考が、効果がないと言っているわけではありません。

例えば、スポーツ選手がイメージトレーニングをして、いっそう自分の能力を高めることはできるでしょう。けれども、まったくスポーツ歴のない人が、イメージトレーニングをやったとしても、実際に身体を鍛えたり走ったりしてトレーニングをしなければ、全速力で走っただけで足がもつれて転んでしまうでしょう。

山に籠《こ》もって瞑想《めいそう》をして暮らしている人が、山である境地に達したからといって、下山して人間関係の中に入ったとき、人とのコミュニケーションがうまくなっているとは思えません。それはいうまでもなく、瞑想能力とコミュニケーション能力は、まったく別物だからです。

それにまた、一人と複数でするという環境も異なっています。大金が入ってそれを資本金として会社を興したとしても、人と絶えず争ったりトラブルを起こしている人だとしたら、仕事の上でも揉《も》めることは必至でしょう。人と一緒にいるというだけで苦痛を覚えるでしょう。その過程で、さらにネガティブな感情を実感することになります。

その〝苦痛〟を取り去る方法として、最も手っ取り早いのは、なんと倒産することだったりもするのです。

こんなふうに、思考やイメージよりも、日常の中で体験して得るリアルな実感のほうが、はるかに強大です。無意識は、そんなリアルな実感の分量に応じてそれに従うのです。

金持ち体質になると順調にお金が入りつづける

お金持ちになることを目指すとき、あなたは、宝くじが当たったり競馬のように一発勝負で大金を得たり、新商品が爆発的に売れて大金を得るという一攫《いっかく》千金《せんきん》を夢に描いたりしていないでしょうか。

「今、すぐお金がほしい」と飢えた動物のような心理状態になっている人ほど、そんな博打的な方法で大金を得ることを夢想するに違いありません。女性が結婚に〝白馬の王子さま〟の出現を夢見る時代があったように、お金に関しては今も昔も変わらずに、白馬の王子さま的なお金持ち像を求めています。けれども例えば、一庶民が皇族や王族に嫁ぐとしたらどうなるでしょうか。貧乏体質の人が、いきなり一発当てて未経験ゾーンに突入したら、どうなるでしょうか。

その後の生活を、具体的に想像してみることができるでしょうか。

前にも述べていますが、大金がいきなり入るというのは「ゼロか100か」のパターンであるかもしれません。しかし、これは「一気に大金を得て、一気になくす」というのを〝ワンセット〟にしたパターンです。

例えば、同額の資金を元手に、AさんとBさんが起業したとしましょう。

Aさんは、生まれながらの金持ち体質です。

Bさんは、貧乏体質です。

Aさんは、これまでの経験から、幹部としての才覚があります。社長業がどういったものか、自分の親の姿を見て、承知しています。事業の進め方や部下の指導の仕方も現場で経験しています。未来を予測する能力も優れています。なによりも決定権が自分にあるからこそ、その責任を十分に自覚しています。

一方、Bさんが想像しているのは、例えば、みんなが自分に頭を下げる、社長室で威張っていられる、高級車に乗れる、頻繁に海外旅行ができるといったような、イメージの世界での社長業です。しかもその中には、自分が社長として社運を背負い、事業を展開させていくという具体的なビジョンはありません。

これが、経験での実感とイメージとの違いの一例です。

金持ち体質の人は、過去の家庭環境や成育した環境の中で、お金持ちになる資質が育っていますし、その方法も知らず知らずのうちに身につけています。

貧乏体質の人は、それを知りません。その差は歴然としています。仮に、一気に大金が入ったとしても、どうしていいのかわかりません。そのために、無駄なことに散財したり、騙《だま》されたり利用されたり、わざわざ大損するようなものに投資したりして、結局は、無一文になる公算が大きいのです。

順調にお金が入り、それが安定して継続していってこそ、お金持ちと言えるでしょう。

「一発当てて、みんなをアッと言わせてやる。大金持ちになって世間を見返してやる」

といったような、博打的なやり方で儲けるお金持ちや非現実的なお金持ちを目指すのではなく、まずは金持ち体質を磨き、継続的にお金が入り、順風満帆に航海を楽しめるような、現実的かつ実現可能なお金持ちを目指したほうが賢明なのではないでしょうか。

第2章

貧乏体質に陥っていませんか？

思考、言動パターンを変えるだけでお金が入ってくる

意識を変えるだけで、お金が入ってくるようになる

心理相談という形で、これまで数万人の方々の人生に触れてきましたが、相談を重ねていくうちに、それぞれの方々の人生を通して一般の人たちには見えていないものが見えてきます。

心は目に見えないために、何が起こっているかわからない、というのが通説なのかもしれませんが、私が提唱している「自分中心」を突き詰めていくと、

「どうしてそうなるのか」

が具体的に見えてきます。

それはお金に関しても同様です。むしろ、お金をキーワードに自分の動き方を詳細に把握できれば、その中に自分の言動パターンや言動の源となる意識を発見するのは、逆に容易だと言えるかもしれません。

どんなに効果の高いと言われる情報を仕入れてきて、それを真似たとしても、

「同じような結果が出せない」

「他の多くの人がうまくいったという場合でも、自分だけが実現しない」

こういうことが起こっているとしたら、それは、運が悪いわけではなく、場合によってはそのやり方が悪いわけでもなく、自分自身の意識が、顕微鏡で観察しないとわからないほど細かいところで、「うまくいかない」ように微調整しているのかもしれません。それこそ文章で言うと「て、に、を、は」の一文字だけでも意味が変わってしまうように、気づかずにミスしたり、相手を傷つけたりトラブルになるように持って行って、ご破算にしてしまっているかもしれません。

もちろんそれは無意識の仕業《しわざ》ですが、自分自身が意識の根底で〝実感している〟ことでもあります。

あなたが思考したり、行動したりする前に、「意識」というものがあります。

あなたがそうやって考えるのも行動するのも、意識がその土台となっています。

簡単に言うと、その意識がポジティブなのかネガティブなのかで、思考も行動も決まってしまいます。ポジティブな意識であれば、ポジティブな思考をして、ポジティブな行動をして、ポジティブな結果となる確率が非常に高いでしょう。

反対に、ネガティブ意識であれば、ネガティブな思考をして、ネガティブな行動をして、ネガティブな結果となる確率が非常に高いでしょう。

「そんなに単純なものなのでしょうか」

単純なのです。多くの人が、物事を複雑に捉えているだけだと言えるでしょう。

というよりは、根底の土台の設定の仕方が最初から間違っているせいで、つじつまを合わせようとして無理矢理こじつけようとするために、複雑に見えているだけなのです。

「焦り」の意識が、自転車操業を生む

相談に訪れる方々の悩みや問題は、それこそ千差万別です。年齢にも幅がありま す。

けれどもそんな自分の個人的な問題が解決するとともに、お金が入ってくるようになったり、いつ倒産してもおかしくないというほど切迫していた会社の状況が持ち直したり、会社の運営がスムーズになったり、自分中心を実践していくうちにお金持ちになったという例も少なくありません。

自分の言動の基本となるパターンは、家庭にあっても会社にあっても、誰といてもどこにいても、たいして変わりません。なぜならそれは、自分の「経験」として、身についてしまっているものだからです。むしろ、そんな言動の多くが無意識的であるために、仮に何百回、何千回同じことを繰り返していても、自分がいつも同じパターンを繰り返していることに、気づかないのではないでしょうか。

例えば、自分が無意識に絶えず「焦り」を実感しているとすれば、その焦りを土台として思考します。焦る思考をすれば、焦るような判断をして、焦るような行動をしてしまいます。その結果、自分の実感した通りに焦ってしまうような結果となる、というふうにです。

この「焦り」を商売に置き換えるとしたら、常に焦っている「自転車操業」のような状況になっていくのは確実です。

貧乏体質は、なぜギャンブルにはまるのか

「あんなにあった大金を、どうやったらそんな短期間でなくしてしまえるものなのだろうか」

と、堅実な人であれば呆れてしまうほど、お金を一気になくしてしまう人がいます。一見それも偶然起こったように映るかもしれません。

例えば、

「これを最後にする。だから次の一回で終わりにしよう」

と思って、最後の挑戦をしたとき、その最後が本当の終わりになって、すべてがなくなってしまったというような話を耳にしたことはありませんか。

ギャンブルで言うと、どんどん勝ち進んで、頃合いを見てやめることができれば、大金を手に入れることができます。こんな場合でも、他者中心の貧乏体質が身についてしまっていると、

「今の元手が倍になる。今度勝つともっと増える」

などと、目先の損得に囚われてしまって、途中でやめることができません。

運が尽きて負けはじめたとしても、

「もう一回、もうこれで終わりにしよう。これが最後だ」

そう考えながら、勝負から降りることができません。

そうやって負けが2回、3回と続いていけば、いっそう元を取り戻そうとして焦りはじめるでしょう。そうなって、冷静に考えられないほど熱くなってしまえば、

一気に無一文へと突入していくことになるでしょう。

ギャンブルに例えると、自分とは関係ないと思う人もいるでしょうが、私たちも同様に、

「太るから、もう、ケーキはこれを最後にしよう」

「今日だけは特別の日にして、明日から実行しよう」

「明日から、しっかり勉強しよう」

「来週からは、絶対に遅刻しないようにしよう」

などと何度も守れない「禁煙宣言」を繰り返してしまうようなことを、日常的にやっているのではないでしょうか。決めてもなかなか実行できないという点においては、これもギャンブルにのめり込んだら無一文になるまでやめられないというパターンと、意識構造は同じなのです。

他力本願的な貧乏体質の特徴

貧乏体質は、俯瞰《ふかん》的な論理性に欠けている

目先の損得勘定に囚われてしまうのも、貧乏体質の特質です。

この損得勘定も、鼻先にニンジンをぶら下げて走る馬のように、「得をする」というのははなはだしい勘違いです。

例えば、今の会社では給料が少ないからと、アルバイトで詐欺の片棒を担いでしまうようなことがその典型です。給料が少なくて詐欺に手を貸すぐらいなら、「転

職しよう」と決めるのがノーマルな判断でしょう。

そんな人たちの一人に、

「どうして転職しないんですか？」

と尋ねると、

「転職すればいいんだということが、思いつきませんでした」

こんな返事が返ってきました。その人にとっては、「そこにいること」が前提となってしまっていたのです。

こんなふうに、目先の得に囚われていると、思考の幅が非常に狭く限定されてしまいます。そのために、物事を論理的に捉えて大局を見通すことができません。

反対に、全体を俯瞰的に捉える能力に欠けているために、「目先の得」を追いかけてしまうということでもあるでしょう。

そんな人たちの意識をさらに深く掘り下げていくと、

「ここを辞めたら、私はどこにも行くところがないんです」

と思い込むほど自信をなくしていたり、

「会社が、辞めさせてくれないんです。辞めると、何をされるかわかりません」
などと、怯《おび》えていたりします。

そんな自分であることにさえ気づかずに、目先の得ばかりに走っていれば、雑魚《ざこ》に囚われて大魚を逃す人生になっていくでしょう。

しかも、そんな自分の根底のネガティブな意識を改善することもなく、他力本願的に「お金持ちになる」ことを頭やイメージで願っていても、鴨《かも》が葱《ねぎ》を背負ってくるような幸運に恵まれることはなく、逆に自分のほうが鴨葱にされてしまうことになるでしょう。

不平不満が、自分の身を滅ぼす

いろいろな場面で、
「でも、なんとかなるだろう」

「自分でなくても、誰かが見つけてくれるだろう」

「どこかで状況が変わるかもしれない」

「まだ、システムの心臓部分まで壊れてしまうことはないだろう」

などと、事態を甘く見積もったり、神頼みのような態度で放置してしまうということがよくあります。

これもいわば、目先の損得に囚われている状態だと言えるでしょう。

「自分の責任にされてしまったら、困る」

「今は、まだ資金がない」

「自分には、決定権がない。自分の首をかけてまで主張するのは損をする」

といったふうに、自分の立場や利益を優先させてしまった結果、莫大な損失を被って、結局は、自分の首が危うくなる、ということもあるでしょう。

他者中心の人が抱きやすい「不平不満」も、結局は、こんな損得から生じています。

ですから、そうやってみんなが不平不満を抱いていれば、会社が傾いて倒産してしまうというようなことも、決して偶然ではないのです。

ただ、仮に今、そんな状況になってしまっているとしたら、それに関係する人々が、もはや「潰れたほうがいい」という意識をもっているからだとも言えるでしょう。

不平不満というのは、「足りないことに不満を抱いている」ということです。お金で言うと、その底には「不満を抱きたくなるほど、お金が少ない」という意識が巣《す》くっています。

それだけでは、ありません。

不平不満を誰かに向けて抱くというのは、積極的に攻撃していることになります。それが会社への不平不満であれば、自分の会社を攻撃していることになります。

まさにそれは、自分の首を自分で絞めているようなものです。

例えば、首脳陣がそれぞれの役割を明確化させ、それぞれが責任を果たすことを自覚して実行していけば、その意識が、会社を救うことになる可能性も出てくるでしょう。もちろんそれは無意識的に、危機を脱出できるような言動を選択していくからです。

けれども、それぞれがその立場で責任をとることを恐れたり、他者に責任転嫁したり、責任回避しようする意識が強ければ、無意識に、ミスやトラブルが増えるような言動を選択していきます。

そんな意識が全体に蔓延《まんえん》すれば、それぞれが各所、各部署、各グループで否定的な言動をとっていくために、自分たちの「願った通り」に、会社は傾いていくでしょう。

多くの人が、何気なく日常的に不平不満を抱いたり漏らしたりしていますが、意識という点で言うと、一つの会社の存亡を左右するほど、不平不満の威力は甚大《じんだい》なのです。

貧乏体質は、快適な選択ができない

私たちは、自分の感情をごまかすことができません。

無意識は、私たちが実感している通りのものを選択していきます。

例えば、快適な環境のA社と、劣悪な環境のB社があるとしましょう。

金持ち体質の人は、A社とB社を見たとき、ためらいもなくA社を選ぶでしょう。

貧乏体質の人は、不思議だと思うかもしれませんがB社を選びます。どうしてでしょうか。それは、A社が素敵に見えると同時に、

「そんな嘘みたいな会社が、今どきあるわけがない」

と猜疑《さいぎ》心を抱いてしまうからです。自分の経験していないことは、信じられないのです。過酷な環境で生きてきた人たちは、「環境は過酷である」と信じています。

だから、A社のような快適な環境は嘘だと、とても信じられないのです。

また、仮にそれを信じたとしても、今度は、

「でも、自分は、そんな環境にはふさわしくない人間だ」

そんな気持ちになってしまうに違いありません。

過酷な環境に生きてきた人たちは、過酷な環境が当たり前になっています。そのために、自分が快適なほうを選択をしようとすると、「自分がとても悪いことをし

ている」ような罪悪感に駆られます。幸せでいること、満足できること、潤沢な利益やお金を得ることに罪悪感を覚えたり、自分には「そんな資格はない」と思ってしまうのです。

もし仮にそんな思いを抑え込みながら、実際にA社に就職したとしても、自分がいた環境とはあまりにも雰囲気が違うので、その違いにいたたまれなさや孤独感を覚えたり、自分の居場所がないと感じたりするでしょう。そのために、結局は辞めることになるでしょう。

金持ち体質は、「ラクに」「順調に」「継続的に」お金が入る

金持ち体質は、争ったり、奪い合ったりしない

どうして、貧乏体質の人は、A社を選ばないのか。無意識の理由はたくさんありますが、とりわけ一つ大きな理由として挙げられるのは、「責任をとることを恐れている」からです。

過酷な環境にある会社の大半が、社内におけるそれぞれの役割や責任が非常に曖昧で、ごった煮のような状態になっているのです。

これは、貧乏体質の特徴でもあります。

そのために、お互いに相手の役割であるところに首を突っ込んで、相手が迷惑していることに気づかずに、自分のやり方を強引に押しつけたり、反対に、自分が果たすべき責任を放棄して相手を責めたりするというふうに、小競《こぜ》り合いやトラブルが絶え間ないでしょう。

野球で言えば、飛んできたボールを、守備がお互いに「相手がキャッチするだろう」と判断して球を見送り、ポテンヒットを許してしまうようなことが起こります。

重大な局面でこんなことが起これば、お互いに責任をなすりつけ合って決裂したり分裂することはあっても、「具体的な対策」を立てることができないために、事態はもっと深刻化していくでしょう。

こんなふうに、「責任を果たす」ということを、貧乏体質の人は、無意識に避けてしまっています。

「責任もへったくれもない。ブラック企業と言われるような会社の社長ほど、大金持ちだって話があるんじゃないですか」

そうですね。

しかし、まさにそれが「関係性」ということなのです。

一言申し添えておきたいのですが、人のものを奪ってでも、搾取してでも手に入れようとするお金持ちを「金持ち体質」と呼ぶことはできません。そこには、飽くなき欲望はあるけれども、〝充実感とその喜びに包まれて満ち足りる〟という人間らしい満足感がすっぽりと抜け落ちています。

自分中心心理学の意味するところの金持ち体質というのは、飽くまでも、争い合ったり奪い合ったりせずに、「ラクに順調に継続的に」安定した収入が得られるお金持ちということです。

「そんな亀が歩くような金持ちなんて、生ぬるい。一気に大金持ちになれるんだったら、ブラック企業の社長と後ろ指さされても気にするもんか！」

そう息巻く人もいるかもしれませんが、そんな意気込みの激しさが、「無理だ」ということをあらわしているでしょう。その「意気込みの激しさ」の中には、戦う意識と「ゼロか100か」の意識が土台にあります。これがもう、「未来」を決めているのです。

金持ち体質は、自分を守るスキルをもっている

少なくとも金持ち体質の人は、自ら争いを仕掛けることはありません。戦わなくても、自分を守るスキルをもっています。それに、戦わなくても、無意識がうまくいくように計らってくれると知っているからです。

貪欲《どんよく》な「金持ち体質〝もどき〟」の金持ちでさえ、戦いません。意識で言えば、最初から金持ちであることに、疑いを抱いていません。よくも悪くも、善悪の基準が貧乏体質の人たちとはなはだしく異なるので、儲けることに罪悪感を覚えていません。だから、骨身を削って戦うようなことはしません。もちろん戦わないわけではありませんが、戦う必要があるときでも、自分が率先して、戦争の最前線に立つ兵士のような役割を引き受けることはないでしょう。

物事を成し遂げるときは、もっと緻密に、用意周到かつ狡猾《こうかつ》です。そんな頭脳をもち合わせていますし、目的のためにはどんなこともプランの一環としてとまどいもなく実行できます。

だから彼らは、大金持ちや富豪でいられるのです。ピラミッドの頂上には、そんな人たちが君臨しています。

どの世界、どの分野においても、大小のピラミッドが林立《りんりつ》しています。これが社会の仕組みです。

お金持ちと貧乏人の比率も、そのバランスで成り立っています。

貧乏体質の意識が強ければ強いほど、また貧乏体質の人が多ければ多いほど、ピラミッドの頂点に立つ一部の人たちとの差は大きくなっていくでしょう。

これが、今の社会です。

これまで述べているように、このバランスは、善悪とは関係がありません。

どんなに頂上を見上げて羨《うらや》ましがったとしても、貧乏体質の人たちのその意識が、ピラミッドに君臨する人たちを上へ上へと押し上げていくのです。

「じゃあ、俺は、そんな頂点の一人になることを目指す」

と嘯《うそぶ》いたとしても、貧乏体質の人が自力でピラミッドの頂点に立つことは、まかり間違ってもないでしょう。

意識という観点から語るとすれば、すでにその意識が自分の立つ位置を決めています。そういう意味で、すでに金持ちであるかどうかは、決まっているのです。

崇拝するから、貧乏体質になる

ですから、最初から、そんな無謀なことは望まないほうが賢明です。

「じゃあ、貧乏体質の人は、富豪になりたいという夢をもっちゃいけないのですか」

そうではありません。

夢をもつかもたないかは、それこその人の自由です。ただ、貧乏体質の人が富豪になることを望んでも、根底の意識そのものが貧乏体質で染まってしまっているので、それを改善しなければ、結局元の木阿弥《もくあみ》になるだろうと言っているだけです。

場合によっては、貧乏体質を改善することもなく、富豪への夢を強引に推し進めていけば、莫大な借金を抱えることにもなりかねないでしょう。

先ほど「頂上を見上げて羨ましがっても」という話をしました。

この言葉を気に留めることもなく、スルーさせてしまった人も多いに違いありません。けれどもこの「頂上を見上げて羨ましがる」というのも、特徴的な貧乏体質の一つです。

どうして、そう言えるのでしょうか。

もし、あなたが頂上を見上げて羨ましがっているとしたら、どんな意識になっていますか。そのときあなたは、どこにいますか。少なくとも、頂上から見おろす場所にはいません。

それが、あなたの立つ位置です。

あなたがそこに、自分を位置づけています。

それはすなわち、「自分は絶対に頂上にはいない」ということを、自分に規定づけているようなものです。お金のことで言い換えるなら、自ら「私は絶対に金持ちにならない」と決意しているようなものです。

「憧れる。崇拝する」といった意識もまた、同じように自分を下に規定づけています。

これは敬意を払ったり尊敬したりするという対等な意識とは、似《に》て非《ひ》なるものだと言えるでしょう。とりわけ「崇拝する」意識は、

「私は忠実なしもべなので、どんな扱われ方をしてもあなたに絶対服従を誓います」

と宣誓しているようなものです。

誇大妄想的な意識は捨てよう

あるセレブな女性が、言っていました。

「注目されることが、私の活力の元」

と。それはまさに、頂上に立って下を見おろす意識です。

そこに君臨して、憧れられたり崇拝されたりする。そんな君臨者の目からみれば、自分を崇拝する彼らは、自ら惜しげもなく身を捧げ、彼らの貴重な財産を差し出す下僕として映っているでしょう。

そんな崇拝者が多ければ多いほど、それに比例して、君臨者の富と力は増大していくでしょう。もちろん、君臨者に喜んで身を捧げる崇拝者が、その恩恵に預かることはありません。なぜなら、差し出す立場でいることを決めているのは、崇拝者自身だからです。

そんな貧乏体質である一般庶民の大勢が、

「もしかしたら、私も、そんなセレブや王族の仲間に加われるかもしれない」

という淡い期待を抱いて夢想していても、それは「諦め」という意識を自分にもたらすだけに過ぎないでしょう。

「どうせ実現しないなら、せめて夢だけは見ていたい」

それも一つの生き方です。否定するつもりは毛頭ありません。しかし、もしあなたが本気でお金持ちになるつもりがあるのなら、そんな誇大妄想的な意識はきっぱりと捨てて、現実に目覚め、そして、現実を直視できる自分になる必要があります。

社会の仕組みは、お金持ちになれないようになっている

社会のシステムが、貧乏体質をつくっている

この世は私たちが〝偶然、たまたま、幸運にも〟と思うとき、本当はすべて緻密に計算されていて、計画的に起こっているのかもしれないと、私はふと考えるときがあります。

例えば、会社のトップが、ある特定の人物を幹部として登用すると決めているとしましょう。けれども建前は誰に対しても公平にチャンスを与えていると見せかけ

なければなりません。それに気づかなければ、

「なんてあいつは、運のいい奴なんだ。あいつが羨《うらや》ましい。どうして自分だけが、どんなに努力しても報われないんだッ！」

と自分の身を嘆いたり、

「自分は、能力が劣っているのか」

と勘違いして自信をなくしていったりするでしょう。

現代は、伝統芸能に限らず、政界・経済界・芸能界など、どの世界をみても世襲の時代です。まったくのコネなし、金なし、後ろ盾なしの人間にとっては、社会は一見公平であるかのように見えて、実際はその多くが幻想であるのかもしれません。

そんな幻想から一気に目覚めさせてくれるのが、この国の税制です。

他国のことは知りませんが、少なくとも日本においては、どう頑張ってお金を稼いだとしても、税制上、特別の人たち以外は、超大金持ちになれないシステムになっています。

ましてや、一発勝負で終わってしまうお金持ちであればともかくも、〝納得のい

く金額を、継続的に順調に稼ぎ続けられる〟お金持ちになるには、実質的な収入の何倍もの稼ぎがなければなりません。

場合によっては、いつもの2倍、3倍働いて2000万円、3000万円稼いだとしても、かなりの額を税金として徴収されるので、結局は、1000万円の収入の人とたいして変わらずに、労力のわりには報われないということもあるでしょう。

率直に言うと、一般庶民は国から、

「1000万円以内程度の小金持ちだったら、いいですよ」

と許されているけれども、それ以上になったら、大金が目の前を新幹線のように猛スピードで通過するのを見送るだけというほどに税額が急上昇するので、大金持ちへの壁を突き破るのは非常に困難、という仕組みになっています。

ネットでは1億円、2億円という言葉が飛び交っていますが、彼らが実際に手にするのは、1億円でも2億円でもありません。実際に丸々1億円、2億円を得るには、その何倍も稼がなくてはならないでしょう。

超大金持ちの世界では、想像もつかない裏技的な節税方法があるのでしょうが、貧乏体質の庶民にとっては、まったく無縁の話です。

ここに、お金持ちと貧乏人の間だけでなく、大金持ちと小金持ちとの間をも遮《さえぎ》っている壁があります。そんな仕組みを熟知せずにして、思考やイメージで「大富豪になることを願った」としても、まさにイメージだけで終わるでしょう。

さらに言えば、富裕層と一般庶民の間には、〝絶対に渡ることさえできない〟深い渓谷があります。

つまり、社会の仕組みが、貧乏体質をつくっているという言い方もできるのです。

自ら貧乏体質に成り下がっていませんか

国の長が国会答弁で「税収というものは国民から吸い上げたもの〜」という表現をしていたのを、動画で観たことがあります。彼らの目には、国民の税金がそう映るのでしょう。

けれどもそんな発言を許容してしまっているのは、貧乏体質の庶民です。

不当な扱いを受けても、

「ここを辞めたら、歳だから、もうどこも雇ってくれないだろう」

という恐れから、そこに踏み止まる人がいます。

人や周囲に合わせてしまう人は、

「みんなが残業をやっているから、自分もやらないと、みんなに悪い」

あるいは、

「みんながやっているのに、私だけ早く帰ると仲間はずれになってしまう」

そんな恐れから、何時間も残業をするかもしれません。

個人的には「助け合いの精神」で、好ましく思えるでしょう。

しかし、もう一つ、別の見方もできます。

人手不足なので、もう一人雇用すべきだ。そうすれば、社員がもっと快適に仕事ができる。こんな見方もできるのです。

もし、あなたの労働環境や条件が厳しいのだとすれば、それは、貧乏体質の人たちの、上を見上げる意識、憧れる意識、「差し出す」意識が、「吸い上げられる」ことを認めていると言えるのではないでしょうか。

本気で、「千万長者」を目指していますか

貧乏体質の人たちが、目安としておきたい意識があります。

もし、全世界の富を均等に分配するとしたら、その平均年収額は、いったいいくらになるのでしょうか。

あまりにも巨額すぎて専門的なことは言えないのですが、今の収入の数倍はあってもいいのではないでしょうか。感覚的には、税金を差し引いた額で、2000万円前後はあってもいいという感じがします。

「今の自分には、とても、とても……」

と自分を否定しないでください。その意識が、お金を生むことを拒否するのです。

「全世界の富を均等に分配すると、私は、罪悪感なしに、心から年収2000万円を得る価値がある。これが公平な分配なんだ」

こんなふうに言うと、どんな気持ちになるでしょうか。

「ああ、そうなのか。当たり前なのか。これが、公平な金額だったのか！」と腑《ふ》に落ちるような気分になりませんか。「これが当たり前だ」と思うと、簡単に入ってくるような気分になりませんか。

まずは、この「2000万円が公平なんだ」を〝感じて実感する〟だけでいいのです。前記したように、社会の仕組みは、大金持ちになれない構造になっています。

それを踏まえた上で、自分の意識の基準をここにおいてほしいと思います。

これはまた、自分に対して「敬意を払う」感覚でもあります。

これを意識の「基本ベース」にすれば、思考や行動も、そこからスタートします。

一発勝負の億万長者や、とうてい叶わないと無意識に知っていながら億万長者になる幻想を抱き続けるよりも、現実と向き合って、本気で「千万長者、数千万長者」

を目指しましょう。

これができたとき初めて、もし、あなたが望むなら、「億万長者への道」も開かれるのです。

第3章

根底の意識が変われば、勝手にお金が入ってくる

貧乏体質は、「無意識」が失敗するように選択している

自分で、「確信度」を低くしていませんか

例えば、前章で述べている「憧れる」というのは、絶対に自分はその位置にならない、と決めているようなものです。

とはいえ、本当は、絶対にならないというわけではありません。これも自分の意識の問題です。

あなたは、自分の実感を改めて自覚したり、さらにそんな「感じ方」を点検した

ことがあるでしょうか。

一般的には、自分が思考したり心の中で言葉を呟いているとき、それが自分の心や身体に、どんなふうに響き、それをどう感じているのかなどと、気に留めることはあまりないのかもしれません。他者中心の人であれば、なおのこと、自分の「感じ方」に関心を向けることはないでしょう。

けれども、それを自覚しているか否かにかかわらず、恐らく誰もが「取るに足りない」と思うだろうその感じ方の積み重ねが、金持ち体質になるか貧乏体質になるかを決定づけています。

同じように自分の理想とする人物や目指すものに憧れているという場合でも、金持ち体質と貧乏体質では、その意識に大きなが差があります。

自分がそれをどれだけ信じているかを測るとき、その信じ方のレベルを「確信度」という言い方であらわすことがあります。

例えば、あなたが、自分の理想とする人に憧れを抱いているとき、「未来においても自分もそうなる可能性の確率」を高く信じて憧れているとすれば、その確信度の高さに応じて、それは実現に近づいていくでしょう。

他方、

「ああ、なりたいなぁ。いいなぁ、自分もそうなれたら、素敵だろうなぁ」と夢想しつつも、それを自分に置き換えたとき、自分はとうに諦めていて「絶対にあり得ない」と強く信じていれば、実現するという確信度は、非常に低いと言えるでしょう。

こんな意識で憧れているとしたら、憧れる気持ちを抱くたびに「私の願いが実現することはない」という思いを無意識に再確認することになり、そのたびに「自分がそうなることはない」という否定的な確信度を高くしていくことになるでしょう。

「憧れる」という意識一つとっても、金持ち体質と貧乏体質では、実感していることが異なるのです。

貧乏体質の人は、自分への「信頼度」が低い

自分に対する、自分の感じ方というのは、すなわち、自分への「信頼度」と言い換えることができます。

自分が気づかずに感じているその実感が、仮にネガティブなものであるとしたら、そのネガティブな分だけ、自分への信頼度が低いということができるでしょう。

自分への信頼度が低ければ、継続的にお金持ちであり続けられる金持ち体質になれるわけがありません。ましてや、自分への信頼度が低いままに「憧れる」というのは、自分の稼いだお金や財産を、無条件に上納するようなものなのです。

「どうやったら、お金持ちになるんだろうか」

「どっちのほうが、得なんだろうか」

などと、考えて頭を巡らしたとしても、その思考にお金を生む力があるわけではありません。

大多数の人が、ここを勘違いしています。

自分が頭で考えるそんな計算や計画が役に立つかどうかは、有《あ》り体《てい》に言うと、自分の意識が金持ち体質なのか、貧乏体質なのかで決まります。

なぜなら、

「計算上は、こうなるはずだ」

「この計画を着実に進行させていけば、必ずお金が入るはずだ」

と見込み計算やプランを立てたとき、金持ち体質であればそれを実行できるでしょうが、貧乏体質の人は、実行できないからです。

仮に「これをやれば絶対に成功する」と確約されているものであったとしても、貧乏体質の人の中には、「争って奪い合う」・「我慢する」・「罪悪感を覚える」といった、前出の貧乏体質三原則がしっかりと根づいているために、何らかの問題やトラブルが起こって、協力したくなかったり、争ったり、逆らったり、仕返しをしたくなったりというふうに、「負の感情が、その進行を邪魔する」からです。

重要なのは、〝わざわざ、自分の感覚に合う言動を選択していく〟ということ。

つまり、それは、実際的には無意識が失敗するように選択していく、ということなのです。

足を引っ張っているのは、自分自身!?

自分が自分のことをどう思っているか。それは自分の「感じ方」が、自分に教えてくれます。

肯定的な意識の実感は、すなわち、自己信頼ということでもあり、また、「私は潤沢なお金を得る〝価値〟がある存在なのだ」という自己肯定の感覚です。

この意識のあり方、感じ方は非常に重要です。

なぜなら、そんな自分に対する自負心や自尊心や誇りが、自分が自分に認めている所有可能額だとも言えるからです。

自分に価値があると信じていれば、それに応じた収入が得られます。

自分に価値がないと信じていれば、無意識にお金を拒否してしまうし、仮に得られても、浪費したり奪われたりして、減っていく可能性が高いでしょう。

そういう意味では、すでに自分が未来でどうなるかは、決まっていると言うこともできますし、また、日々、自分で日々決めていると言うこともできるのです。

もしあなたが、こんなふうに自分の抱いている意識を一つ一つ点検していけば、「なんだ、足を引っ張っていたのは、自分自身じゃないか」

と自分に皮肉を言いたくなるほど、お金持ちになることを拒否していたのは自分であると知って、仰天してしまうに違いありません。

この世は、「マッチポンプ」にさらされている

貧乏体質三原則は、肉体的症状にも影響する

マッチポンプという言葉を知っていますか？

自分で火を起こして、自分で消すという意味です。つまり、自分で騒ぎを引き起こしておきながら、自分で収めるということです。

あらゆる人があらゆるところで、この「マッチポンプ」をしています。また、貧乏体質の人ほど、それと気づかずに、マッチポンプ劇に引き込まれたり、振り回さ

れたりしているのです。

心と身体は密接な関係があります。バランスのとれた食生活、整った生活リズム、そして、適度な運動を欠かさない。これを、健康を維持するための基本原則とすることに異論を唱える人はいないでしょう。

ではそれを守っていれば、健康でいられるかというと、そうでもありません。

例えば、どんなにこの基本原則を守っていても、毎日、３６５日、

「お前は能なしだ。無能だ。馬鹿だ」

などと、言われ続ければ、どんな人間でも「自分は誰よりも劣っていて価値のない人間だ」と思い込むようになってしまうでしょう。

家庭でも職場でも、怒鳴られたり、責められたりする環境だったらどうでしょうか。

反対に、自分が絶えず怒鳴ったり、腹を立てたり、いらだったりしていれば、どうでしょうか。

こんな状態が、身体に影響しないわけがありません。否定的な意識に長期間囚わ

れていれば、肉体のほうもさまざまな不調を抱えることになるでしょう。

そんな環境であるにもかかわらず、自分の心に目をつぶり、肉体の不調だけに囚われて病院通いをしていても、完治することは難しいでしょう。

また、生活習慣病、慢性病、持病という言葉が示しているように、自分の肉体にこんな名前をつけてしまえば、

「もう、一生、この病気とつき合わなければならないんだ」

と思い込んでしまうでしょう。

自分がそう信じれば、その思い込みによって、いっそう病気は治りにくくなるでしょう。

心と身体を分けて考えることはできません。貧乏体質三原則は、肉体的症状にも大いに関係があります。

自ら病気になるような生活を自分に強いて、苦労しながらせっせと貯めた貯金さえも、身体の不調を改善するための病院通いや入院生活に使ったり、老後の不安のためだけに残しておくとしたら、そんなパターンも、私には「マッチポンプ」と映

ってしまいます。しかもそれは、自分には何の利益ももたらさないマッチポンプだと言えるでしょう。

家庭、職場、友人関係でもマッチポンプ

あなたの職場には、人の仕事に口出しをして、

「それは、こうするほうがいいんだよ」

「前にも言ったけど、どうして私の教えた通りにやろうとしないの」

などと、自分流を押しつける人はいませんか。

家庭でも職場でも友人関係でも、あらゆるところで見られる光景です。

これも、巧妙なマッチポンプだと言えるでしょう。

押しつける人は、自分のやり方のほうがいいと信じています。でもそれは、飽くまでも、自分がそうだと信じているだけです。

それぞれに、自分のやりやすい方法があるものですが、押しつける人というのは、もともと他者のやり方を認めることができません。そのために、自分のやり方が絶対だと思ってしまうと、相手の心など斟酌《しんしゃく》せずに、相手の仕事の領域にもどんどん踏み込んできます。

それを自分では、親切だと思っている人もいるのです。

そうやって押しつけられたとき、断ることができない人は、不快に感じながらも黙って従うでしょう。さらには、押しつけられた方法をなかなかマスターできなくて、自信をなくす人もいるかもしれません。

ところが実は、そんな人たちの親切は、手段でしかありません。

もしかしたら、押しつける本人自身も気づいていないかもしれませんが、本当の目的は、「教えてあげたい」という親切心ではなく、

「相手をやり込めて、自分が優位に立ちたい」

という支配欲求を満たすことが、真の狙いとなっているかもしれません。

そんな人たちにとっては、押しつけられた人がとまどったり難色を示していると

きここそチャンスとばかり、すかさず、

「まだ、そんなところでモタモタしてるの？」

「たったこれぐらいのこともできないのか」

などと、突っ込んだり、

「ほら、私がやってあげるから、どいて！」

などと、先制攻撃を仕掛けてきます。

さらには追い打ちをかけて、

「なに！　ぼーっとしてるんだッ！」

「なによ。どうして、そこで、手遊びなんかしてるのよ」

「私がやってあげてるんだから、お茶ぐらい持ってきてもいいんじゃないの」

「やってあげたんだから、感謝の一言ぐらい、言ったらどうなんだッ！」

などと、たたみかけてくるのです。

マッチポンプが得意な人に、振り回されていませんか

こんなふうにマッチポンプが得意な人は自ら騒動を引き起こして、先制攻撃をかけながら優位に立つことを目論見《もくろみ》ます。

とりわけ指導的立場にいる人は、相手に対して堂々と文句をつけられるので、やりたい放題に突っ込むことができるでしょう。

そして、最後には、

「ほらごらん、私の言った通りになった（失敗した）でしょう?」

「最初から、私の言うことを聞いていれば、こんなことにはならなかったのに」

「ほらな。やっぱり、心配していた通りになったじゃないか」

「俺の言う通りにやっていれば、間違いないんだよ」

といった結論に導いていきます。

貧乏体質の人は、こんなマッチポンプに見事にはまり込みます。そして、

「自分が悪かったのだろうか」

「自分の能力が低いから、こうなるのだ」

といった具合に自ら自分のほうを疑ってしまいます。

そして、本当は、自分のほうが適切だったり正しかったりする場合も少なくないのですが、貧乏体質の人は自己信頼度が低いために、他者中心になって、相手のほうを、自分の判断基準にしていきます。

その結果、

- **仕事は、とにかく頑張らなければならない。**
- **歯を食いしばって、耐えなければならない。**
- **間違いは、許されない。**
- **ミスを犯してはならない。**
- **ミスをしたら、それを真剣に捉えて、十分に反省し、細心の注意を払って、二度と犯さないようにしなければならない。**
- **完璧にできて当たり前だし、それを目指さなければならない。**

・辛いことに耐えてこそ、強くなれる（と信じて疑わない）。

といったふうに、どんどん自分に厳しくなっていき、それができなければ激しく自分を責めたり罪悪感を抱いたりするなど、貧乏体質に拍車をかけていくのです。

もちろんそれは、自分に対して、いっそう、

「成功してはならない。お金持ちになってはいけない」

と、自分に強要しているも同然のことなのです。

マッチポンプの人たちの心の仕組み

貧乏体質という点でいうと、実は、こんなマッチポンプのやり口に乗ってしまう人もやってしまう人も、その根っこは同じです。

両者に共通するのは、

「戦って、勝たなければ成功しない。お金持ちになれない」

こんなふうに強く信じていることです。

例えば、仕事の上でトラブルが起こったとしましょう。

このとき、冷静に話し合いをすることができる人たちであれば、争わないで解決する方法を見出すことができるでしょう。

けれども、争う人たちはそうではありません。

争い合う人たちはもともと、「戦って勝つ」が目標になっています。

問題解決することが目標になっているわけではありません。くどいようですが、「戦って勝つ」が目標になっています。

戦って勝つことを目指している人たちにとっては、勝って従わせるか、負けて従うかのどちらかしかありません。争うことで、トラブルが大きくなると予測できる場合でも、「勝つ」ことを目指します。

極端な言い方をすれば、平和的に話し合うことよりも、戦争が好きなのです。

もちろん、穏やかに話し合う方法を知らないという「スキルの問題」もあります。

というよりもその前に、相手と話し合って解決するとは信じていません。

根本的に他者を信用していないのです。

では、どうして信用できないのでしょうか。

それは、そのまま、それが自分自身の心の中だからです。

「人は信用できない」と信じているとしたら、それは、その人が人に裏切られた経験があるのでしょう。けれども、それは「自分自身も、人に信用されないことを胸の内で考えている」ということでもあります。あるいは実際に「信頼されないことをしている」という自覚もあるでしょう。

要は、

「自分が信用されることをしていないから、相手も裏切るものだ」

というように、自分で自分のことをカミングアウトしているようなものなのです。

貧乏体質の人は、予測をすることができない

スポーツのように、激しく戦って勝つという中にも、ある種の快感があります。また、そうやって相手に勝つことができれば、それなりの達成感もあるでしょう。選挙もそうですね。

戦って勝つことを目指している人たちは、そんな興奮や達成感を求めて、相手を脅したり、威嚇《いかく》したりして、自分の言う通りに従わせようとします。

人を信頼していなければなおのこと、相手を威嚇したり、相手の弱みを握って、それをちらつかせたりして自分に従わせるしかありません。

これは、言い方を変えると、胸襟《きょうきん》を開いて話し合えば、お互いに満足して解決することであっても「何が何でも、争いにまで持って行く」ということでもあります。

平和的に話し合うことができる人にとっては、非常に奇妙に映ることですが、「戦って勝とうとする人」は、冷静に話し合うことを〝非常に恐れて〟います。

相手に穏やかに注意できるときでも、怒鳴って注意することしか、できません。

もちろん、怒鳴って脅したほうが、優位に立てるからです。

そのために例えば、初歩の段階Aのときに気づいて注意すれば、大きなトラブルになることを未然に防げるときでも、注意しようとしません。なぜなら、この段階では怒鳴れないからです。

また、これも非常に重要なことですが、争って勝とうとする人たちの目には、Aの段階が見えません。仮にAの段階で気づいたとしても、これを放置しているとどうなるか、大きな問題が発生する可能性があるときであっても、そんな予測ができません。

これがいわゆる貧乏体質の人たちの〝決定的な欠点〟です。

そのために、簡単に解決できるであろうA段階では、やり過ごしてしまいます。

そして、C段階、D段階、あるいはいよいよ危険レベルに達したときに、

「今まで何をやっていたんだ！　どうしてもっと前の段階で気がつかなかったのか！」

などと、烈火のごとく怒るのです。

無意識の視点から述べるとしたら、もちろん「怒鳴るため」に、自らそうなるように持って行っています。自分が望む通りに、何が何でも「威嚇する状況になる」ように持って行くのです。

これが、無意識のすごいところです。

残念なことに、「人に従ってしまう」貧乏体質の人は、まったくそれに気づきません。

自分の良心に反することを平気で実行できますか

世の中では、意図的にマッチポンプを工作することもあるでしょう。

例えば、優勝を競うゲームで、あらかじめ優勝者は決定しているとしましょう。

決定している人を優勝させるには、あとは、その決定している人物が絶対的に得意とするものだけを種目の条件とすればいいわけです。他の参加者がどんなに頑張ったとしても、結果はすでに決まっています。

すでに選ばれる人が決定していて、宣伝のためにオーディションで公募するというような方法をとることもできます。そのオーディションで公平に選出しているように見せるには、最初から、身長、体重、髪の色、目の色、体格、○○ができるといった、その人に備わっているものを条件にすれば、必ずその人が選ばれることになります。

病院が営利を目的とすれば、健常な人にもどんどん薬を投与することになるでしょう。テレビのニュースや新聞記事でさえも、意図的に記事を偏向《へんこう》させて操作することも可能なのです。

今やどの業界でも大なり小なり、こんなことは日常茶飯事的に行われていることではないでしょうか。

これがマッチポンプの実態です。うまくやれば、あなたにも巨万の富が転がり込んでくるチャンスが巡ってくるかもしれません。

とはいえ、

「だから、悪いことをしたほうが、得なんだ」

と結論づけてしまうのは、早計です。

そのやり方で仮に儲けられるかもしれないとしても、実際にそれを実行できるかどうかは、別問題です。頭の中で打算的に「こっちのほうが得だ」と試算できたとしても、自分の良心に反することはなかなかできないからです。

お金持ちになる健康的な心構え

それこそ人を騙したり裏切ったり欺《あざむ》いたり罠《わな》にはめたりしても、まったく痛痒《つうよう》を感じない人であれば、それができるかもしれません。けれども一般的には、そこまで邪悪になれないのが、私たちなのです。

どんなに貪欲《どんよく》に冷酷に徹して奸計《かんけい》を弄《ろう》して、それを実行しようとしても実際には、そう簡単にできるものではありません。

貧乏体質の人が仮にそうやったとしても、その目論見は恐らく失敗するでしょう。

なぜなら、貧乏体質三原則がすでにしっかり身についているからです。

それに、もしあなたが、実際にそんなマッチポンプを実行できる人であれば、すでにその方法で、相当額の富を得ているはずです。

反対に、もし「今」あなたがそうなっていないとしたら、その事実だけで、「できない」ということが証明されている、と言ってもいいでしょう。

どんなに、

「悪いことをしなければ、お金持ちになれない。あくどいことをしなければ、儲けられないんだ」

と吠《ほ》えているとしても、今、大金を手に入れていないのだとしたら、しょせん無理なのです。

むしろ、そうやって、できないことを自覚できずに、

「いつか、でかいことをやって、大金をせしめてやる」

などと、夢想していればいっそう貧乏体質になっていくだけでしょう。そんな自分になるよりは、確実に手に入れられる方法を選んだほうが、はるかに健康的ですし、また、実現する可能性も高いでしょう。

金持ち体質は、自立している

「マッチポンプ」の性質として、心に留めておきたいことがあります。

こんなやり方で賞賛を浴びたり、他を圧したり利益を独占したりできるのは、飽くまでもそれにかかわる者たちすべてが、「勝ち負けの争い」に囚われているというのが絶対条件です。争うには、争うための相手役が必要です。ここが肝腎《かんじん》なポイントです。

他方、自立というのは、文字通り、自分で立っています。誰の支えもいりません。

自分を信頼している分量が多いので、自分で自分を認めることができます。

他者に援助や協力を望むときは、自分のほうから働きかけることができます。いつでも自分のほうから他者に働きかけることができるという自負心や安心感があるので、一人で立っていられるのです。

支配関係は、その逆です。

その文字が示す通りに、**「支配関係」を成立させるには、他者が必要です。**

支配するには、被支配者が必要です。

認めてもらうにも、他者が必要です。

支配者は、誰かが貢いでくれないと、自分では稼げません。誰か料理を作ってくれる人がいないと、自分では作れません。そういう意味においては、非常に「脆《ぜい》弱《じゃく》な存在」だと言えるのです。

にもかかわらず現実社会では、本来、脆弱な存在であるはずの人たちがトップに奉《たてまつ》られ、潤沢な恩恵に浴《よく》しています。

どうしてでしょうか。

それは、いうまでもなく、貧乏体質の人たちが圧倒的多数で、金持ち体質の絶対数が少ないからです。

強調しておきますが、この金持ち体質というのは、〝ラクに、順調に、継続的に〟収入を得ている自分中心の人たちです。彼らは、自分を信じていられる人たちです。自分を信じることができるので、人と争ったり奪ったり、依存したりしなくても、〝望むものを得られる〟と、体験的に知っています。豊かな生活を満喫することを、自分に許している人たちです。自分の欲求にひたすら、楽しみながら専念できる人たちです。

貧乏体質の人たちは、自分の力をまったく信じていません。

本当は料理を作れる人、無から有をつくり出せる創造力のある人のほうが強いはずです。これに気づかないのは、徹底して貧乏体質三原則に染まってしまっているからだと言えるでしょう。それから生じる不安や恐怖から、本来強い人たちが、それを自覚できずに、「脆弱な存在である」はずの人たちに依存し、すがっています。

これが、今の社会構図の真相なのではないでしょうか。

この構図を崩すには、単純に、

「これからは一切、私は、あなたを上に置き、自分を犠牲にしてあなたに尽くすことはありません。**私は、私のために、行動していきます。**あなたも、自分のことは自分でしてください」

と心に誓い、それを実行するだけでいいのです。

不安や恐怖が格差を拡大させる

貧乏体質は、「三角関係」に巻き込まれる

私が、「三角関係の原理」と呼んでいるものがあります。
これは、三角関係になったら、その一辺を崩して、バラバラにする、という定義です。
感情には、個人の感情もあれば、グループや組織や社会の感情もあります。
グループや組織や社会の感情というのは、いうなれば、そこに属する人たちの「感

情の総合の和」と言えるでしょう。

自分一人がいらだっているつもりであったとしても、そんな人たちが圧倒的に多くなれば、相互作用、相乗効果も手伝ってだんだんいらだつ社会になっていきます。怒りを抱く人が増えれば増えるほど、社会のあちこちで、「怒りを爆発させるような光景」を目撃することになるでしょう。

マッチポンプが得意な人たちが、それを煽《あお》る役目を担っています。なぜなら、無から有をつくり出せない「脆弱な存在であるはずの人たち」にとって、自分が〝依存していられる〟のは、この方法しかないからです。

貧乏体質の人たちが、そんな構図に巻き込まれて不安や恐怖を増大させれば、あらゆるところで、その格差は拡大するでしょう。

これもバランスです。

今の社会がかろうじて「支配―被支配」のバランスを保っていられるのは、貧乏体質三原則の意識が、その関係を支えているからです。

何度も繰り返しますが、この世は森羅万象、バランスで成り立っています。そこに善悪といった次元の話は、まったく関係ありません。

そのバランスが極端に偏《かたよ》っていけば、いつか崩壊するしかありません。

あるいは、バランスであれば、その一部を崩せばすべてが崩れます。

例えば、戦う人は、必ず敵をつくります。

なにがどうあっても、平和が好きではありません。

平和の中には、自分の存在感がないからです。

これが、平和を嫌う最大の理由です。

平和を愛せる人は、平和であることの経験があるからです。知らない人は、平和であるという状態を〝心地よい〟と感じることすらできないでしょう。

愛がないというのは、こういうことです。

戦う人たちが感じられるのは、支配欲や所有欲を満たす満足感や、仕返しの快感といったものでしょう。

そのために、貪欲に生きるしか道がありません。

戦う人が口先でどんなに「平和のために」と叫んだとしても、無意識のところでは、戦うことを望んでいます。ですので、仮に平和のための選択をしているつもりであっても、無意識に戦う方向へと、導いていくでしょう。

もちろん、マッチポンプ方式を用いながら、最後方で指揮している人たちは富を得ることはできるでしょうが、最前線で戦っている人たちが富を得るチャンスは、ほとんどありません。この最前線にいる人たちが、貧乏体質の人たちなのです。

では、そんな貧乏体質から抜け出すには、どうしたらいいでしょうか。

このとき活用できるのが、「三角関係の原理」です。

三角関係は、争いを激化させる

例えば、AとBとCがいるとしましょう。三角関係ですね。

その中で、争いが生じています。

時と場合、状況に応じて、2対1になります。

それぞれに自分の利害に応じて、くっついたり離れたりしています。

そもそも、三角関係は、最初から「戦う構図」ができあがっているのです。

ですから、どんなに丸く収めようとしても、収まることは永遠にないでしょう。

そんな状況を打開するために、大半の人たちが、

「じゃあ、この中で、最も強い自分になればいいんだ」

と発想します。

まさに、この発想こそが、格差社会を拡大させている元凶となっています。

当時者としてそんな三角関係の渦中にいると、すでに物事を俯瞰的に見ることができなくなっています。

「他者を制圧するには、他者に勝たなければならない」

そうやって、争いを確実に激化させていくのです。

もしこのとき、例えば、Cがそんな争いを収めようとして、心を砕きながらAとBの間をとりもったり、まとめたりしようとしたとしましょう。

けれども、結局は、これも功を奏することはないでしょう。

もしあなたが、そんな状況に置かれているとしたら、万策つき果てて、もはや打つ手がないという絶望的な気分になっているに違いありません。

三角関係からの抜け出し方

こんなときに、三角関係の一辺を崩すのです。

わざわざ、その中にいて右往左往したり、三つ巴《どもえ》で争うことはありません。無駄です。無駄などころか、いっそうもつれ合い、混乱と争いを激化させていくでしょう。

具体的に言うと、その中からさっさと離れることです。

Cが離れれば、AとBが残ります。

争い合う人たちは、好戦的であるために、仲よくすることができません。

だから、Cが退けば、AとBが、勝手に争い合います。

争いは、必ず崩壊へと向かいます。

これは「自然の摂理」です。

だから、あなたは、そこから速やかに退去してください。

そして、AとBが勝手につぶし合うのを待てばいいのです。

これができれば、あなたは、戦わずして「漁夫の利」を得ることができるでしょう。

金持ち体質の人たちは、この原理を経験的に知っています。

あなたが、それを知らないだけなのです。

第4章

「ラクにお金持ちになれる」が、自分中心の醍醐味

貧乏体質は、他者を否定的に意識する

貧乏体質は、他者と比較する

端的に言うと、絶えず他者を意識して相手の言動を気にしたり、相手と自分を比較して相手と競っている他者中心の人よりも、自分のために生きている自分中心の人のほうが、はるかにお金持ちになる達成率は高いでしょう。

この競うというのは、暴力的に人と争うという意味ではありません。単に、否定的な気持ちで他者を意識して相手の言動を気にしたり、心の中で相手を責めたり自分を責めたりしている状態も、「戦っている」と言えます。

他者を否定的に意識していれば、それだけで恐れが生まれます。他者に対して否定的であるということそのものが、すでに「敵味方」の意識になっているということです。

他者が敵であれば、当然戦います。しかも、戦う前から他者をネガティブな実感を抱きながら意識しているということは、これもまたすでに「負けた気分」になっているということです。

自覚していようとそうでなかろうと、私たちは絶えず、自分が抱く意識や感情を実感しています。その感じ方は個々それぞれに千差万別で、ミクロの世界を顕微鏡で覗《のぞ》いていくように無限です。

無限にあるといえるそんな自分の意識や感情のリアルな実感が、自分の人生を彩る設計図となり、原材料ともなっています。

- **他者や周囲に対して、「敵味方」という関係で認識している。**
- **しかも戦う意識を抱きながら、その実感は、戦う前から「負けた気分」になっ**

ている。

・そのために、他者から傷つけられることを極度に恐れる。

もし、こんな意識を「お金」に置き換えると、どうでしょうか。

この意識が、設計図となり、また原材料となるのです。

こんな意識を根底に据《す》えていて、お金持ちになれるでしょうか。

現実的には、こんな意識を抱きながら、ほとんどの人が、イメージや頭の中だけで、お金持ちになることを夢想しているのです。

貧乏体質は、時間とエネルギーを浪費する

実際に、ほとんどの人が「傷つくこと」を恐れています。

傷つくことを恐れるあまりに、あなたは自分が、過剰反応したり過剰防衛したり

していることに気づいているでしょうか。

もしあなたが、お金を得る過程において、さまざまなトラブルに遭遇しているとしたら、かえって、自分が恐れるように「傷つくような事態」を招いてしまっているに違いありません。

仮にそうやって心の中で他者と心理戦を展開させていけば、物理的にも、他者のことで自分の時間とエネルギーを浪費してしまうことになります。その間、自分のためにそれを使うことができません。

お金でいえば、この一点だけでもかなりの損失だと言えるでしょう。

「それでも相手の動静に目を光らせ、機先《きせん》を制して勝てば、得するんじゃないでしょうか」

と思うかもしれません。

確かに、そうすることで目先の利益を得ることもあるでしょう。

実際には、社会はそんな意識構造で成り立っているのかもしれません。

けれども、本当は、これこそが「最大の思い込み」だとしたらどうでしょうか。

わかりやすく説明すると、こんな感じです。

目的地に向かって道を歩いているとき、そのための道を真っすぐに歩いて行けば目的地に到達します。

このとき、人混みの中を通るとしたら、人と人との間をすり抜けて歩いていけばいいわけです。

自分の前を歩いている人が、自分の行く手を阻むとしたら、

「先を急ぎますので、失礼します」

と言えば、その道を空けてくれるでしょう。

人とぶつかったら、

「ごめんなさい」

などと、一言詫びれば、あなたは心理的トラブルを引きずることもなく、目的地に到達することができるでしょう。

強固な言動パターンが、人生を左右する

一方、他者中心の人たちは、道を真っすぐ歩くのにも「許可が必要だ」と思い込んでいます。

「私は、この道を真っすぐ歩きたいのですが、認めてくれませんか」

と一人一人に承認を求めて歩くようなものです。相手に対して「わかってほしい。わかってほしい」などと痛切な思いで要求してしまう人は、置き換えると、こんな歩き方をしているということです。場合によっては、

「なんで、私のことをわかってくれないの。どうして受け入れてくれないの」

とばかりに責める人もいるでしょう。

あるいは、常に攻撃的な人は、

「俺が通るんだから、みんな、俺のために道を空けるべきだ」

と思っているかもしれません。それでも心の奥では、

「自分が通る道を、みんなが必ず邪魔をして遮る」

と強く信じ込んでいます。

そのために、周囲の一人一人に対して、

「俺が道を通るんだから、道を空けろ！」

と感情的に喧嘩を吹っかけながら、歩くのです。

当然のことながら、そこでトラブルが生じるから、場合によっては相手と喧嘩になって警察沙汰になるかもしれません。そうすることでかえって、目的地に到達することが遅くなってしまうか、諦めてしまうことになるでしょう。

「道を歩く」ことを例えにすると、

「そんなバカバカしいことなんて、しない」

と思ってしまうかもしれませんが、そうではありません。

恐らく大半の人が気づいていないかもしれませんが、それぞれに、自分独自の言動パターンがあります。後章でも述べますが、この言動パターンは、自分の根底の意識から派生するものです。しかもこの根底の意識は、自分の過去の体験から築かれたものであるために、強固です。経験として強く信じていることであるために、すぐに変えられるものではありません。

この集積が、金持ち体質、貧乏体質として形成されているものです。

ですから、お金に関することでも、同じパターンで動いています。

そのときどきに選択して行動するとき、何を選択するのか。その選択も、自分のパターンによって決まります。そういう意味では、いくら稼ぐか、あるいはなくすかどうか、それも最初から決まっていると言えるのです。

決まっているというよりは、自分が決めていると言ったほうがより適切でしょう。

あなたが、それに気づいていないだけなのです。

換言すれば、**今あなたが「なかなか、儲からない」としたら、それがあなたの言動パターンであると証明しているようなものです。**もしあなたが、そんなパターンに気づかずに投資するようなことがあったとしたら、儲けるどころか、お金をドブに捨てるような結果になるかもしれません。

貧乏体質は、未来まで損失している

ネガティブな意識が、トラブルを生む

それだけでは、ありません。

もっと重要なのは、他者や周囲に対するネガティブな意識やトラブルを抱えている〝状態〟そのものが、好ましくないということです。なぜならそれは、「未来の損失」を構築していることになるからです。

例えば、ある女性は、仕事を辞めることで悩んでいました。仕事がハードである

ことと、上司が厳しいということが、辞める主な理由でした。とりわけ上司とは、仕事の方針のことで何度か衝突しています。

辞めるという気持ちはすでに固まっていて、悩んでいたのは、「いつ辞めるか」ということでした。

今すぐにでも辞めたいという気持ちのほうが強いのですが、もう3ヶ月延ばすと、有給休暇が丸々1ヶ月使えます。退職金の額も違ってきます。

損得勘定で考えれば、

「あと、3ヶ月ぐらいのことだから、頑張ってみようか」

とも思います。

ただ実際のところ、3ヶ月延ばしたところで、1ヶ月の有給休暇を認めてくれるかどうかは、疑問でした。

ただでさえ忙しくて、風当たりの強い職場です。

制度的には1ヶ月の有給休暇が使えるとしても、それを主張するには気が引けます。主張したところで、上司がそれをすんなり受け入れてくれるかどうかも、怪しいところです。

人手が足りずにみんながてんてこ舞いしている中、それを通せば、辞めるまでの3ヶ月間、みんなの冷たい視線を浴びながら、針のムシロのような気分でそこにいることになるでしょう。厳しい上司に、どんなことを吹聴されるかも、怖いと言います。けれども、周囲の視線に耐えられれば、退職金が増えます。

「有給休暇が残っているので、しっかりと消化しないと損だと思うんです」

そんな気持ちを抱きながらも、これ以上、上司に主張するのも負担だし、有給休暇を返上するのが暗黙の了解になっていて、

「私が主張することで、同僚との関係が悪くなったり、罪悪感が湧いてきて、3ヶ月間耐えられるかなとも、正直思うんです」

と悩んでしまうのでした。

悪い意識が、自分の言動に影響する

私はセミナーなどで、

「何でもトレーニングです。3ヶ月もトレーニングすれば、かなり身につきます」

と言います。

私がいうトレーニングとは、毎日のささやかな日常生活の繰り返しも含まれます。

例えば、自宅の隣近所の家々では、外で喫煙している男性の姿をよく目撃します。家の中で吸うことを禁止されているのでしょう。視線が合いそうになると、顔をそらせたり身体を半身回したりする人もいます。

どこでタバコを吸おうと自由ですし、嫌煙家は世の中からタバコを排除してしまいたいところでしょう。

ただ、意識が自分の言動に影響するという視点から語るとすれば、愛煙家が今のような環境で肩身の狭い思いを抱きながら吸っているときの意識と、昔のように男らしさを顕示するような気分で吸っているような意識とでは、かなりの違いがあります。

こんな「吸い方」もまた、トレーニングになります。

無自覚に〝肩身の狭い思い〟でタバコを3ヶ月も吸い続ければ、その〝肩身の狭い思い〟が、身についてしまいます。

タバコの吸い方といった、こんなささやかな行動でも、毎日それを続けていれば、それは、トレーニングしていることと同じなのです。

3ヶ月といわず、毎日そんなトレーニングを積んでいけば、しだいにその意識が定着しはじめます。

すると、やがては他のAの場面、Bの場面でも、知らず知らずのうちに〝肩身の狭さ〟を抱くようになってしまう、ということなのです。

お金持ちは、心が解放されるほうを選択する

先の例に戻って、こんな意識のトレーニングを勘定に入れるとどうでしょうか。

目先の損得で決めるとしたら、3ヶ月間我慢すればお金が増えて、長めの有給休暇もとれる可能性があります。ただ、その一方で、居心地の悪さを覚えながら、有給休暇については揉める可能性もあります。

そんな環境に3ヶ月耐え続けていけば、どんなことをトレーニングすることになるでしょうか。

例えば、

- **これまで通り、「目先の得」に囚われて、「目先の得」のほうを選択するでしょう。また、新たにここで、**
- **(「目先の得」を選ぶと) 困難な経験をして苦労する、ということを、自分のパターンとしてインプットすることになるかもしれません。**

また、周囲の目に耐えかねて、
・罪悪感を覚えるようになってしまう可能性もあります。

この「目先の得」と「苦労する」と「罪悪感を覚える」がセットになって身についてしまうと、確実に「損する人生」を選択するようになります。

ネガティブな環境下で3ヶ月も我慢し続ければ、自分の心もそれなりの影響を受けます。さらにそれをトレーニング的に続けていけば、自分の人生に、ネガティブなパターンを一つ加えることになってしまうでしょう。

本来、「苦労」と「罪悪感」は、いらないものなのです。

こんな状況に置かれたとき、あなたはこれまで、どんな選択をしていたのでしょうか。

・自分にとって好ましくない環境で、ネガティブな感情や罪悪感を抱いていたとしても、「目先の得」のほうをとっていた。

・我慢して「目先の得」を選ぶよりも、いつも「自分の心が解放される」ほうを選択している。

・今まで、自分がどんな気持ちでいるかなど、まったく視野の外にあって、一も二もなく損得で計算していた。

こんなふうに自分の気持ちの感じ方を確かめて、初めてお金に対する自分の認識度がわかってくるのです。

罪悪感が、自分の人生を支配する

目先の損得に囚われると、損をする

もっともこの例でいうと、円満退社を願って、有給休暇を返上してもいいという人もいるでしょう。

仕事の引き継ぎをスムーズに行ったり円満退社できるように、辞める時期も、会社と自分と、お互いに納得できるように話し合って決めたい、という人もいるでしょう。

多くの人は、こんなとき、

「私にとって、どんな選択をしたほうがいいんだろうか。どっちが得なんだろうか」

などと、頭で考えて決めようとしがちです。

けれども、実際は、

「Aを選択したから得した。Bを選択したから損した」

というものではありません。

自分の人生を見据えるならば、そんな**損得よりも、もっと重要なのは、それを決めるとき、「どんな気持ちで決めるのか」ということのほうです。**

自分の「今の意識」は、今の状況をあらわすだけでなく、今の意識の感じ方が未来を創る設計図となり、また未来を創る原材料となるのです。

それが3ヶ月も続けば、肯定的な意識も否定的な意識もかなりの影響力をもつことでしょう。

しかも私たちの感じ方としては、まだまだ、肯定的な感情の感じ方よりも、否定的な感情の感じ方のほうが、強烈に感じ、そして残ります。

そんな感情の中でもとりわけ「罪悪感」は、自分にとって、自分の人生を支配してしまうほどに強烈です。

何度も述べているように、罪悪感は、罪の意識です。自分に罪の意識があれば、自分を罰しようとするでしょう。これは、お金に関しても同じです。

自分の中に強い罪悪感が根づいていれば、無意識に、お金を得ることにも罪悪感を覚えます。罪悪感が強い人にとって、お金を得ることは「罪」なのですから、お金持ちになるわけがありません。

怒りや恐怖を蓄積させる必要はない

例えば、目先の損得に囚われて、自分の望まない環境で我慢して働けば、どうなっていくでしょうか。

もし、同僚たちの間でトラブルが起これば傷つけ合うことになるでしょう。相手に対して怒りを燃やせば、怒りの感情を〝実感する〟ことになります。相手を思う以上に傷つけてしまえば、罪悪感を〝実感する〟ことになります。「仕返しされるかも」と考えれば、警戒したり恐れたり怯えたりすることになるでしょう。

意識していてもいなくても、そんな怒りや恐怖や罪悪感を蓄積していきます。人間である以上、怒りや恐怖や罪悪感を抱くのを避けることはできません。

そういった感情の〝実感〟が、未来の人生の種となります。しかもその種は、すでに貧乏体質という情報を詰め込んだ種です。

「私の印象では、神経が図太くて無神経な人間や、平気で人を傷つける人のほうが、お金もいっぱい稼いで貯めているような気がします。罪悪感を覚えるよりは、人を傷つけても平気なほうがいいということでしょうか」

そう思う人も少なくないでしょう。

けれども、もしかしたら、そんな見方そのものが間違っているかもしれません。

一つは、確かにお金儲けに対する罪悪感が少なければ、お金が入ります。

ただ、この罪悪感のあり方は、非常に〝疑問〟です。

大半の人が感じてしまうだろう罪悪感そのものが、正当であるかどうかという点においては、大いに疑わしいのです。

自分が感じる罪悪感が、人間に本来的に備わっている「良心の痛み」なのか、それとも必要のない罪悪感なのか。自分にとって不当な罪悪感なのか。その違いを理解できていない人は、「無用の罪悪感」で自分を罰することになるでしょう。

そういう点で、不要な罪悪感が少ないことは、「お金持ちなるための、非常に重要な要素」になります。

貧乏体質の人は、自ら損をするように動いている

また、自分の視点からみると相手が無神経なように思えても、実は、そう見えてしまうことのほうが、間違った認識であるかもしれません。正当な行為であっても、罪悪感の強い人にとっては、無神経に見える、ということもあるのです。人や社会

に合わせるべきだという意識から、一般常識や罪悪感を自分に課していれば、金持ち体質の人が公平にやっていることでも、無神経に見えてしまうのです。

もう一つ、これまで述べているように、富の分配のバランスもあります。

もともと社会の構造が、「お金持ちは生まれにくい」ような仕組みになっています。

貧乏体質の人たちは、そんな仕組みに、自らを合わせようとします。

社会に貧乏体質三原則に染まった人口が多ければ多いほど、お金持ちと貧乏の天秤のバランスは、天秤が垂直になりそうなほど傾《かし》ぐでしょう。

貧乏体質の人たちは、貧乏体質三原則を用いて、自ら損をするように動いてしまいます。それは、自分が正当に得ていいはずのお金を、自ら上納しているようなものなのです。

結局、富の分配を極端なアンバランスにしているのは、自分自身なんだと自覚する必要があるでしょう。

そしてまた、社会構造の仕組みを認識しながらも、しかし、それを当たり前には思わないことです。

貧乏体質の人は、罪悪感を増大させていく

罪悪感が強い人は、自分が買いたいものがあっても、「贅沢をしてはいけない」と思ったり「自分だけ得してはいけない」などと、考えて自分にブレーキをかけます。けれどもそうやってブレーキをかければかけるほど、「欲しい」という欲求は募ります。その欲求が上限に達すれば、我慢できなくなって、衝動買いをしてしまうでしょう。

ところが、そうやって買ってしまったとしても、

「わあ、よかったぁ!! 自分の欲しいものを手に入れることができて、なんて幸せなんだろう。ばんざ～い」

などと、は言いません。

「ああ、なんて贅沢なことをしてしまったんだろう」

と後悔したり、

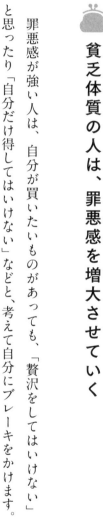

「みんなちゃんとやっているのに、私は、いつも、こんなふうに……、あ～あ……」

などと、自分に失望し、さらに罪悪感を増大させていきます。

こんな後悔と罪悪感のサイクルの中にどっぷりと浸かってしまえば、お金は貯まるどころか、どんどんなくなっていくでしょう。

同様に、罪悪感の強い貧乏体質の人は、ラクであること、幸せであることを拒否しています。そのために、ラクにお金が入ると、

「こんなにラクしていいんだろうか」

と疑問を抱いたり、不安や罪悪感を覚えたりします。

「こんなにラクをして、お金が入るのは、いけないことだ」

とまるで自分を咎人《とがにん》のように感じたりもします。場合によっては、

「こんなにラクにお金が入るのはおかしい。何か裏があるんじゃないだろうか」

などと、不審がったり、猜疑心《さいぎしん》を働かせる人もいるに違いありません。

そもそも罪悪感の強い貧乏体質の人は、

「お金を稼ぐには、苦労しなければならない。艱難辛苦《かんなんしんく》に耐えなければならない」

と頑《かたく》なに信じています。そのために、

「ああ、ここまで苦労して、やっと手に入った、ああ、最後に、やっと幸せになった」

といった、ささやかな喜びすら、苦労や困難を代償にしなければ気がすみません。

こんなふうに、貧乏体質の人は、〝ラクに、楽しみながらお金が入ること〟を、自分が自分に許していないのです。

お金を不浄とする考えに囚われていませんか

お金に否定的な意識をもっていませんか

お金を不浄とする考え方が、今も根強く残っています。

「清貧」という言葉は、それに付随して生まれたのでしょうか。

お金を不浄だと捉えれば、お金の話をするのは「恥ずかしい。卑しい。あさましい。醜い」となるでしょう。

精神的な満足感に重きを置いて、質素倹約を日常として慎ましく生きるという生き方で満足感、充実感、充足感、幸せ感に包まれていれば、言うことは何もありません。

質の高い生き方ができれば、確かに、執着心が減っていくために、金銭的なこだわりが減るというのも事実です。

けれども、もしあなたが最初から、

「清貧な生活が、人間としての幸せなんだ。お金に執着するのは、恥《は》ずべきことなんだ」

などと、思い込んでいたらどうでしょうか。

本心では、お金持ちになりたい。遊んで暮らしたい。贅沢な暮らしをしたい。

「でも、自分がそんなことを望むのは、心が卑しいからだ」

こんなふうに思っているとしたら、どうでしょうか。

そんな欲求を抱いているとしたら、まず、自分自身を軽蔑するでしょう。自分をそんな軽蔑の目で見ていれば、金持ちや不労所得で暮らしている人たちに対しても、馬鹿にしたり嘲笑《ちょうしょう》したくなるでしょう。そうしながらも、心の奥底では羨んだり、憧れたり妬《ねた》んだり、ときには憎悪さえ抱いているかもしれません。

さまざまな利権に絡む巨額の不正授受や収賄事件が暴露されたり発覚する昨今では、なおさらです。お金に対して、すっきりと「お金大好き」とはなりにくく、誰もが気づかずに、複雑な思いを抱いているでしょう。

けれども「お金持ちになりたい人」にとっては、これは御法度です。

もし、あなたがそうやって、お金に対して複雑な思いや否定的な意識をもてばもつほど、お金を得ることが難しくなるでしょう。仮に大金を得たとしても、あなたの無意識が、最も自分が落ち着くラインに到達するまで、お金をなくす計画を立て、そして実行していくことでしょう。

「清貧」が、尊いわけではない

今、ここでお金に対する考え方を、心から改めましょう。

私たちのほとんどの人が、まだまだ、平均的な生活をしていません。

今、あなたが望んでいる金額は、はっきり言って「ごく平均的な金額」です。日本社会の富の全総額を公平に分配するとしたら、今の生活よりも、労働的にはもっと何倍もラクに、金銭的にはもっと何倍も稼いで然るべきだと言えるでしょう。もし、あなたの望む金額と実際に得ている金額との間に大差があるとしたら、その差が、あなたの中にある自己否定です。また、個々のその差が、社会の格差を大きくしています。

あなたは気づかなくても、それが「罪悪感」なのです。

この際、「清貧は美しい」などといった思い込みは、さっぱりと洗い流してしまいましょう。

自分が清貧に生きていて、心から満足しているのであれば幸せです。けれども、清貧が尊いわけではありません。

質素な生活が〝好き〟であっても、貧乏である必要はありません。お金があまっているのであれば、寄付するのはどうでしょうか。金銭的援助で人助けをすることもできます。社会に還元させてもいいはずです。

ただし、貧乏が清いかどうかは別にして、心に葛藤や矛盾が少なく、かつ罪悪感が少なければ、それだけで、望まなくても自然とお金が入るような状況になっていきます。

意識のあり方は、経済的なあり方とも比例します。

こんなとき、

「だったら、貧乏人は、悪人なのか！」

といった反論は無意味です。

善人であろうがなかろうが、

「心が美しい人は、お金持ちにはなれない」

「善人は、損をする」

というふうに、信じているのは自分自身です。

そう信じているから、そうなっているだけなのです。

打算的な発想では、お金が逃げていく

善人が損をするというのは、こじつけです。自分に対する言い訳です。

例えば、善人のあなたが、知人に大金を貸したとしましょう。

ところが、知人は、そのお金を返してくれません。

あなたは、相手に対して、

「借りたお金を返すのは、当たり前だろう」

と腹を立てるかもしれません。

ではあなたは、腹を立てながらどうしているでしょうか。催促できずに、我慢していませんか。人によっては、とうとう催促できずに、

「大金を落としてしまったと思って、諦めるか」

とこんな言葉で自分を慰めるかもしれません。

あなたはこんなとき、相手の不誠実さをなじるかもしれません。けれども、そう

やって「返金するように催促できない」のは、誰でしょうか。

それは、あなたです。

ではもう少し時間を巻き戻して、借金を頼まれたとき、あなたはどんな気持ちでいたのでしょうか。心から〝貸したい〟と思ったのでしょうか、それとも、渋々だったのでしょうか。渋々ながらも、例えば、

「友達だから、断ることができないなぁ」

「相手に自分の弱みを握られているから、貸さないわけにはいかないなぁ」

「今後のつき合いもあるから、貸さないわけにはいかないよな」

「自分も頼ることがあるかもしれないから、貸しておいたほうがいいかもしれない」

などと、考えたかもしれません。

あるいは、困っている人を助けないと、自分が悪人のような気分になったり、罪悪感を覚えてしまうので貸したのかもしれません。

あるいは、

「この人は顔が広いから、今、恩を売っておけば、大きな見返りがあるかもしれな

い」

「この人の人脈と地位を利用すれば、金儲けできるかもしれない」

といった打算的な思考から、貸したのかもしれません。

もし、こんな打算的な発想から貸したとしたら、仮にメリットがあるとしても、前章で述べた「マッチポンプ」のような展開に発展していって、負担の大きい熾烈な儲け方になっていくでしょう。

金持ち体質は、適切に行動できるから得をする

この例でもいえるように、善人だから損をしているわけではありません。

お金を貸したのは自分であり、催促できないのも自分です。

もしあなたがこんなとき、「自分中心」的発想ができれば、まず、「貸したいかどうか」を自分に問うでしょう。

「貸さない」と決めたら、きっぱりと断るでしょう。

貸すとしたら「いくらだったら、出してもいいのか」を自分に問うでしょう。

「催促できるのか、できないか」を考えることもできるでしょう。

自分の許容できる範囲で、お金を譲渡するかもしれません。

あるいは、お金は貸さないけれども、ほかの方法で援助を申し出るかもしれません。

いずれにしても、どんな選択をしようとも、その中に誠意と善意があります。

相手に対して、同情ではなく、「愛」があります。

「自分を後回しにしない」判断ができるので、心置きなく、自分のできる範囲、善意の範囲で協力することができます。また、自分を大事にできるので、警戒したり逃げたり、打算や計算で動く必要がありません。

こんな善人であれば適切に行動できるので、損するよりも、得する確率のほうがはるかに高くなるでしょう。

罪悪感から、お金は生まれない

どんなに「罪悪感はいらない」と言っても、まだ、大半の人が納得できないのではないでしょうか。罪悪感という歯止めがなければ、「凶悪なことをするのが人間だ」と思い込んでいれば、なおさらでしょう。

ここで意味するところの罪悪感はいらない、というのは、「何をしても構わない。どんなに人を傷つけても、犯罪を犯しても構わない」ということではありません。

「罪悪感」と人間性から生まれる「良心の痛み」とは、まったく別物です。罪悪感には、「責任」が伴いません。その中にあるのは、自己否定的な気持ちです。「良心の痛み」には、「責任」が伴います。その中には、愛を基盤とした感謝の気持ちや自他への慈しみやいたわりがあります。

例えば、今度はあなたが、友人にお金を借りるとしましょう。

このとき、あなたは惨めな気持ちになったり卑屈な気持ちになったり、罪悪感を覚えたりするでしょう。

卑屈な気持ちで罪悪感を抱いていれば、相手に対しても卑屈な態度で接してしまうでしょう。

ところが、あなたのそんな態度は、相手からみると、決して好ましい姿には映りません。相手はあなたに同情しながらも、

「貸しても、お金は決して返ってこないな」

という気分になります。そして、そのお金が、「縁の切れ目」になるかもしれません。

あなた自身も、罪悪感が強ければ、お金を返すことができないでしょう。返したいと思ったとしても、「罪悪感では、お金が生まれない」から、返すことができません。また、多少の収入があったとしても、お金をなくす恐れから、そのお金の一部を返金にあてるという「責任感」も、影を潜めてしまうでしょう。

責任を果たすという意識が、お金を生む

では、お金を借りるとき、後ろめたさや罪悪感はあるものの、それよりも、「貸してくださって、本当に、ありがとうございます」と、頭を深々と下げたくなるぐらい感謝の気持ちで一杯になっているとしたらどうでしょうか。

「助かりました。これで、救われます。心から感謝いたします」

そうやって、感謝の言葉を口にしているとき、そんな自分自身に、未来の希望を感じるのではないでしょうか。

その希望が、相手の温情に報いるために、一日でも早く、返金しようと決心させるのだと思うのです。

融通してもらったそのお金を使うときも、その都度、感謝の気持ちを抱くでしょう。そんな気持ちがあるからこそ、少しずつでも工面して、お金を返したくなるで

しょう。そうすることが「感謝の気持ちのあらわれ」でもあるからです。

これが、「責任を果たす」ということです。

罪悪感には、

「すみません。すみません。私は愚かな人間です」

というような卑屈な気持ちや自分を罰する気持ちはあっても、感謝の気持ちがありません。

「罪悪感」と「良心の痛み」には、これほどの違いがあります。

だからもし、自分が借りることがあるとしたら、罪悪感を抱きながら「すみません」と言うよりは、心から感謝の気持ちを感じながら、

「ありがとうございます」

と言ったほうが、言っている自分自身も、明るい気分になるでしょう。

時折《ときおり》、奪うような勢いでお金を借りて（貰って）も、

「いえ、お金を貰うことには、まったく、罪悪感を覚えてはいません。平気で貰えます」

と言う人もいるかもしれません。

けれども、その「奪う」という行為がすでに、自覚はないとしても、罪悪感を覚えています。

自分がそれを借りる（貰う）ことに、罪悪感を覚えていないとしたら、心から頭を下げることができるでしょう。しかし、そうやって奪った意識のある人が頭を下げることはありません。どんなに自分が「平気だ」と主張しようが、それが、後ろめたさを覚えているという証拠と言えます。

言い方を変えれば、自分の中に罪悪感があるとしたら、逆にそれを軽くするために〝心から感謝して頭を下げる〟という捉え方もできます。

そんな感謝ができれば、一日でも早く、20分の1でも100分の1でも返済しよう、責任を果たそうという気持ちにもなるでしょう。

この「責任を果たそう」という意識が、お金を生みます。

これはまた、いうなれば自尊心や自負心です。

罪悪感には、そんな自尊心や自負心はありません。反対に罪悪感が強ければ強い

ほど、自己評価が低くなります。そこにあるのは、自己破壊的な意識です。

「良心の痛み」の中には、愛と感謝があります。自他への慈しみやいたわりがあります。「責任を果たす」という建設的な強さがあります。

これが愛をエッセンスとした良心と、自分を咎人とする罪悪感との違いです。それぞれのその分量に応じて、自分の収入額が決まってくるのです。

第5章

お金持ちになるかどうかは、すでに自分が決めている

本当のお金持ちは、戦って勝つことを目指さない

貧乏体質の人は、自ら上納して苦労する

貧乏体質の人たちは、貧乏体質三原則のせいで、自ら損をするように動いてしまいます。それは、自分が正当に得ていいはずのお金を、自ら上納しているようなものです。

結局、自分が富の分配を極端なアンバランスにしている貧乏体質の人達のうちの一人であることを自覚する必要があるでしょう。

そしてまた、社会構造というものが「すべての人が豊かにならない」仕組みになっていることを認識した上で、自分の今の状況を当たり前に思わないことです。それは、そんな社会に対して怒りを燃やして戦えと言っているわけではありません。

その逆です。

そんなやり方で自分の状況が、よくなるわけがありません。戦うというのは、「自分が今、持っていない」という意識です。すでに「持っていない」と自分で決めている人が、持てるようになるわけがありません。

社会の仕組みやその実態を認識しておくことと、それに対して反発したり戦うこととは別の話です。

本気でお金持ちになりたければ、戦ってはいけません。

社会の仕組みを知るというのは、例えば、自分がジャングルに住んでいるとしたら、自分がジャングルに住んでいるということを自覚して暮らすということです。

ジャングルには、さまざまな生物が無数に棲息《せいそく》しています。獰猛《どうもう》な動物もいれば、毒をもった蛇や昆虫もいます。川や沼には肉食の生き物もいるでしょうし、毒をもつ植物も生えているでしょう。自分がA地点からB地点に行くからといって、それらを排除することはできません。自分のほうが危険を避けて歩くことになります。

いちいちそんな動植物に向かって、

「どうしてお前は、こんなところに棲んでいるんだ。俺が怖くて、通れないじゃないか」

などと、腹を立てたりはしないでしょう。

道が険しいからといって、

「どうしてこんなところに、崖があるんだ。どうして、こんなところに湿地帯があるんだ」などと、いらだっても詮《せん》ないことです。

それよりも、地形を熟知して、安全に通る方法を考えることでしょう。

もし、安全な道を自分で作りたいと思ったら、日数がかかることを承知で取りかかるでしょう。

お金持ちになることを夢見るだけで実現させることができない人たちは、自分の不快なものを、自分ではなく、誰かが取り去ってくれることを望みます。

道を作るには日数がかかるのに、

「今すぐ、明日にでも、安全な道を通りたい」

と心の中で要求します。

心の中がそんな状態になっているために、安全な道を作るにも、川の上に橋をかけるにも時間がかかるということが理解できません。

普通に考えれば、当たり前のことであるにもかかわらず、

「今すぐ、明日にでも、お金持ちになりたい」

と望んでは、そうならないことに、焦りを抱くだけで、ついに行動することはないでしょう。

そんな人は「お金持ちになりたい」と口では言いながらも、しっかりと貧乏体質三原則が身についていて、意識の奥では、

「私がお金持ちなんかに、なれるわけがない」

と信じているのですから、なれるわけがありません。

「戦って勝つ」お金持ちの特徴

戦って勝つことを目指すより、自分が自分のために生きる方法、自分を守る方法、安全を得る方法を考えたほうが、はるかにお金持ちになる確率は高いでしょう。

自分の願った通りになるという点においては、

「お金持ちになるためなら、他人なんてどうなってもかまわない。傷つけても気にしない。人のものを奪ってどこが悪い。奪われるほうが馬鹿なんだ」

といった意識でお金持ちを目指しても、それを実現させることは可能でしょう。

「そんな人間なんて、とうてい許せない」

と言いたくなる人もいるかもしれませんが、無意識は「善悪」の判断をしません。自分の思いに従うだけです。その思いが強ければ強いほど、それが「実現させる」

原動力となります。

ですから、「他者を傷つけても」「奪ってでも」と言う人が、願った通りに、お金持ちになっているのも道理です。むしろ、お金や土地や財産を所有することに妄執《もうしゅう》する執着心の強い人ほど、その集中度の高さゆえに、一般の人たちよりもお金持ちになる確率は高くなるでしょう。

ただし、一般の人たちが、

「じゃあ、私だって、俺だって」

と真似をしても無理だとも言えるでしょう。

なぜなら、**一般の人たちが、「人を傷つけても、奪ってでも」という人間になりきるには、ハードルが高過ぎます。**

そのほとんどの人たちが、戦って勝とうとしても、押し合いへし合いしながら、互いに傷つけ合い、つぶし合うだけの結果となるでしょう。

どうしてでしょうか。

それは、私たちには、よくも悪くも「感情」と「良心」があるからです。

人間性をお金と引き替えにすることはできない

感情が肯定的に働けば、それは愛につながります。

感情を捨てるというのは、人間性を捨てるにも等しいことです。

人間の本質ともいえる感情を取り去ろうとすることは、不可能とは言いませんが、よほど特殊なことがない限り無理です。

あなたがいわゆる〝普通の人〟であるならば、仮にあなたが、どんなに「人を傷つけても、奪ってでも」という気になったとしても、とうてい、人間性を捨てるほど非情かつ残酷な人間にはなれないでしょう。

実際にあなたが、お金持ちになるには、

「戦って勝たなければならない。人を押しのけてでも奪いとらなければならない」と思い続けていたとして、今、なお、お金持ちになっていないとしたら、それがあなたの間尺《ましゃく》にあった所得のレベルです。

実際に、そんな意識で、徐々にお金持ちになりつつあるとしたら、いずれ、お金持ちになるかもしれません。

けれども、どんなに張り合って人を出し抜こうとしても、人間性を捨て去ることができない私たちにとっては、「戦って勝てば、お金持ちになれる」あるいは「自分の願望が達成できる」というのは、まったくの幻想だと断言してもいいでしょう。

自分で気づいていなくても、私たちには良心があります。

この良心は、私たち人間の本質的なものです。

この良心が、お金を不当に得ることに「待った！」をかけます。

その上、感じる必要のない罪悪感も、たくさんもっています。

良心や罪悪感が強い人たちがどんなに頑張ったとしても、それを捨てることはできないのです。

ついでに言えば、罪悪感はともかくも、私たちの良心は、愛につながるものです。

愛は、満足や充足感や幸福感や歓喜をもたらします。

そんな愛を一瞬でも、一度でも味わったことがある人は、そんな人間性をお金と引き替えにはできません。

罪悪感が強い人は、これまでずっと述べてきているように、お金を得ることを〝自分が自分に許していません〟。

どっちに転んでも、「どんな手段を用いてでも」という方法でお金持ちになることは、金持ち体質になって自然にお金が入るようになるより何倍も難しいのではないでしょうか。

最初から、箱根の関所を越えるより難しいのですから、大半の人が、お金持ちになっていないのも道理なのです。

貧乏体質三原則に毒されている人からつぶれていく

どんなにお金持ちになりたいと思っていても、確かな手応えをもって着実にお金持ちの道を進んでいるとは言えない人、お金持ちになりたいと願いながらも、もう

5年も10年もそれが実現していない人だとしたら、それは「未来において」も、お金持ちになることはないでしょう。

なぜなら私たちは、すべての人が、無意識に同じ言動パターンを繰り返しているからです。

ですから、今、お金持ちになっていないのであれば、それは未来においてもそうでしょう。もちろん一発逆転で、お金持ちになる人もいるでしょう。

けれどもこれは、厳密には、金持ち体質の人とは言えません。「順調に、継続的に、ラクに」お金持ちでい続けるというのが、金持ち体質です。

そういう意味で言うと、一発逆転や一攫千金というのは「ゼロか100か」の激しい生き方であるために、一気になくす可能性が高いとも言えるのです。

無意識は、善悪を判断しないと言いました。

その一方で、すべて「バランスで成り立っている」という法則も存在します。

偏った危ういバランスでそれが成り立っているとしたら、そのバランスが限界に達したときには、必ず崩壊します。

例えば、目先の利益から、自然を壊して乱開発してでも、健康を害するとわかっていてでも、放漫《ほうまん》経営のツケを社員に押しつけてでも、というやり方をしていれば、当初はそれでもうまくいくでしょうが、やがて崩壊していくでしょう。目先の利益のために大量の卵を産ませようとして、鶏を不自然な方法で酷使したり悪辣な環境で飼育していれば、鶏が伝染病で死滅して、卵を得ることすらできなくなってしまうというふうに……。

それは、今の社会で、貧乏体質三原則に強く毒されている人からつぶれていくというように、まさに私たちが体験しつつあることなのかもしれません。

無意識の〝仕返し〟を自覚していますか

私たちはどこにいても、何をしていても、誰と一緒にいても、それぞれが、自分固有の信念とそれを土台とした言動パターンに従って判断し、決断し、そして行動しています。

この「信念」というのは、決して正しさや公平さではありません。それが適切であろうと不適切であろうと、自分が「そうだ！」と強く確信していることです。

例えば、自分が「最後に必ず失敗する」と思い込んでいるとしたら、実際に、自分自身が、最後に必ず失敗する方向へと、自分でコントロールしながら自分の信じる結果へと持って行きます。

それは、家庭においても会社においても社会においても同様です。

小さなレベルの問題でも大きなレベルの問題でも、やはり同じパターンを繰り返していきます。

過去の家庭環境や親子関係に問題があれば、職場においても似たような問題で悩むことになるでしょう。会社を経営する社長が経営方法で躓《つまず》いているとしたら、それは、家族関係で学習したパターン通りに動いてしまった結果である、と言えるかもしれないのです。

極端なことを言うと、それは、国民の生活を左右する国政であっても例外ではありません。非常に影響力のある人が、それを決定するとき、本当の動機や理由がその人の中にあるとしたら、怖いことだと思いませんか。

例えば、自分の親子関係で、親に対する未消化の感情があって、それが怒りや憎悪や復讐心になっているとしたら、その感情は、親とは関係のない他者に向かいます。親としっかり向き合うことができない人ほど、関係のない人たちに自分の感情をぶつけていきます。

・職場で、部下を感情的になって怒鳴る。
・職場で、後輩に口うるさく小言を言う。
・部下も、反抗的な態度をとる。
・互いに感情的になって言い争う。
・陰で不平不満を言い募《つの》る。

誰もがこんなことをやっていますが、これも、無意識の〝仕返し〟です。

そうであってもこれは無意識のことなので、本人が自覚しなければ、改めることができません。こんな意識を抱いている人が中心人物になっているとしたら、仮にその人が相手のため、会社のため、人のため、国民のためと思って努力したとしても、決して肯定的、建設的な結果にはならないでしょう。

解消されていない過去の感情で動いていませんか

どうして、パターン通りに動き、パターン通りの結果となってしまうのでしょうか。

それは、私たちは、誰もが自分の感情を基準にして動いているからです。

この感情というのは、「今の感情」のことでもあるし、親子関係で経験した感情のように「過去の感情」のことでもあります。

ですから、もしあなたが職場の同僚に対して腹を立てているとしたら、それは、同僚に対してだけでなく、過去に似たような場面を体験していて、その過去の登場人物と、その同僚とを重ねて腹を立てているのかもしれません。

無意識が、自分の人生を決めている

自分の人生が、どうなっていくか。

無意識の視点から言うと、私たちは、すでに自分でそれを決めてしまっています。

運命が決まっているという意味ではありません。

自分が過去に経験して、感情レベルで強く実感したり決意したりしていることを、知らず知らずのうちに人生のひな形としている、ということなのです。

ある会社で、派閥抗争が起こっていました。

A派とB派、どちらが主流になるかは五分五分です。

それぞれに「研究会」を発足しています。A派のAさんは代表です。

彼は雌雄を決する採決が実施されるというとき、組織の結束を固めるために、あたかも連判状《れんぱんじょう》とも言えるような文書を、自分の派閥に所属する全員に配布しました。

その内容は、裏切ったらしかるべき処分をするという、まるで前近代社会に戻ったような噴飯物《ふんぱんもの》の代物《しろもの》でした。案の定、その文書には、あちこちからブーイングが起こり、組織の脆弱さを露呈《ろてい》する結果となってしまいました。

そんな文書配布は、どう考えても、論理性に長《た》けた彼が発案したものだとは思えません。

冷静な彼が考えれば、その文書配布は失笑を買うかもしれないと推測できたはずなのに、どうしてそれを、しかも自分の名前で配布してしまったのでしょうか。

実は、彼は肩書きこそ代表となっていましたが、その背後には一人の長老がいて、真の実権はその長老が握っていました。

彼は、その長老を恐れていて逆らうことができなかったのです。

強固な「言動パターン」は、繰り返される

インパクトのある経験は、強い思い込みになる

私たちは生まれ育ってきた家庭環境や親子関係の中で、感情のレベルで体験的に身につけている言動パターンがあります。インパクトのある経験は、それが自分の強い思い込みにもなってしまいます。

例えば、自分の育った家庭では、

「お父さんはいつも不機嫌な顔をしている。何か気に入らないことがあると、すぐ

に腹を立てる。いきなり感情的になって怒鳴り出すので、いつも用心し、警戒していなければならない」

という親子関係だったとします。

そんな父親に対して、自分の身を守るために、

「父親は怖い人なので、主張せず、黙って従っていたほうが安全だ」

という方法を、子供心に学習したとしましょう。

これが父親に対して効果的で、しばしば成功していたとすれば、この方法が、経験レベル、感情レベルでの体験として、無意識にパターン化されていきます。

やがてそれが自分の中で、強固な「言動パターン」として定着すると、長《ちょう》じてもそのパターンを繰り返すことになります。

くだんのA代表が、まさにこのパターンだったのです。

彼がもし自分の家庭環境で、親が彼の意見を受け止めて、彼の話に耳を傾けたり彼の意志を尊重するような対応をしていたとしたら、彼は、多少怖い相手に対してでも、相手が感情的にならない方法で適切に自分の考えを主張できていたでしょう。

しかし彼は、そうではありませんでした。

「強くて怖い相手には、主張するのが怖い」

あるいは、

「強くて怖い相手には、黙って従っていたほうが、〝安全〟だ」

これが、彼の人生における致命的な言動パターンとなっていました。だから彼はその恐れから、長老の言うことに唯々《いい》諾々《だくだく》と従ったのです。無論《むろん》その長老の風貌は、彼の父親を彷彿とさせるものでした。

「たった一つの行動」が、人生を根底からくつがえすこともある

もう一つ、彼のこの、

「強くて怖い相手には、黙って従っていたほうが、〝安全〟だ」

という言動パターンが致命的だと言えるのは、これが自動的に「トップには立て

ない」ということを意味するからです。

なぜでしょうか。

ここが意識の摩訶《まか》不思議なところです。

「怖い相手に黙って従う」には、怖い相手が、自分の上に存在していなければなりません。

つまりこれは言い換えると、「自分の上には、必ず怖い相手が存在する」ということです。

「従う」という意識そのものが、自分の上に誰かがいるということを前提にしています。

しかもそれは、父親を想起《そうき》するような怖い相手です。

無意識の妙技《みょうぎ》と呼べるところです。自分が「父親を想起してしまうような怖い相手」に囚われていると、自分では避けているつもりであっても、無意識にそんな「怖い相手」を〝恐れながら〟意識してしまいます。

ところが、「脅す人は、脅しやすい相手を簡単に見分けて選び出す」というように、自分の〝恐れる〟という態度や振る舞いは、真っ先に、怖い相手の目に留まります。そのとき、例えば「相手が自分を気に入る」というふうに、「怖くて従う相手」と縁を結ぶのです。そして、自分が身につけているパターン通りに、怖い相手に逆らうことができずに従うというふうに、自ら「支配されて従う」状況の中へと入っていくのです。

Aさんの文書配布の結果は、惨憺《さんたん》たるものでした。

彼はその失態から、代表を辞めざるを得なくなりました。

それでもAさんは、自分が長老に主張できなかったから、こんな結果になったとは思っていませんでした。最も彼が、

「あのとき、自分の意見を主張できなかったからだ」

と仮に自覚できていたとしても、やっぱり怖くて、主張することはできなかったでしょう。

もしこのとき、彼が主張できていたとしたら、その一つの経験だけでも、彼の人生は、大きく方向転換していたに違いありません。その瞬間、彼がトップに立てる

器になる、まさにそんな重要な変革ポイントでもあったのです。その瞬間、彼に人望が集まって、彼を押し上げようとする人たちに支持される、という可能性もあったことでしょう。

自分の感情は、ごまかせない

さらにもう一つ。

彼がこれから一生、常に二番手であったとしても、これも「自分の願い」が叶っています。決して、デメリットばかりではないのです。

それは、「絶対にトップに立てない」ことで「父親を失望させる」というのが、彼の無意識のシナリオの一つでもあったからです。

彼の父親は、彼に対して「トップになる」ことを夢見ていました。

親に黙って従うということは、親の願いを、子供が手足となって叶えるということでもあります。

もし子供が、父親のそんな望みに応えてトップになったとしたら、どうでしょうか。子供は素直に喜ぶでしょうか。それとも、

「父親を見返すために、トップになりたい。けれども、自分がトップになるということは、父親の望みを叶えることになる。だからイヤだ」

というような複雑な気持ちに陥るでしょうか。言うまでもありません。

どんなに「相手が怖くて、黙って従っていた」としても、自分の心まで納得しているわけではありません。自分の感情までごまかせるわけではありません。自分の中には、親に対する怒りや憎悪や失望といったネガティブな感情が渦巻いています。

もしそうであれば、「親の望みを叶えずに、親が失望する」ことが、最も手っ取り早い親への〝仕返し〟にもなります。

トップになるという、親の期待の重荷からも解放されます。

そんな自分のもろもろの思いを実現させるのが、私たちの無意識の力なのです。

無意識の世界を理解すれば、お金持ちになる

自分の過去と現在は、密に重なっている

これまで述べてきたように、実相は、「怖い相手に黙って従う」という彼の無意識の言動パターンが、自分が詰め腹を切らされるような羽目になってしまったということです。

彼が過去を振り返れば、こんなことが恐らく何度も起きていたに違いありません。

にもかかわらず、彼は、「黙って従っていたほうが〝安全〟だ」と強く信じてい

たのです。その〝安全だ〟が、本当は、自分の行く手を巨大な壁のように阻んでいると、彼が気づくことはあるのでしょうか。

こんなふうに誰もが、家庭環境や育成してきた環境で身につけた言動パターンを繰り返しています。

それは、経験的に実感して身につけてしまったパターンであるために、それに気づかなければ、自分の一生を支配するほどに強固です。

自分では、自分の判断で動いているつもりでも、実は、過去の親子関係や環境の中で体験したことを再現させようとしている、そう言えるほど、自分の過去と現在は密に重なっています。

仮にそれが会社や地域や国の未来を左右することであっても、個人レベルの視点でみると、その決定が、かつての親子関係や家庭環境の延長線上にあるというふうに、一つの現象や出来事の中に、ミクロもマクロも共に織り込まれて展開しているというのが無意識の世界なのです。

こんな無意識の世界を理解してようやく「お金持ちになる」が、あなたの射程距離に入ってくるのです。

金持ち体質になれば、無意識がチャンスを生む

近年になってさらに顕著な傾向になってきているのは、どこも世襲制になってきているということです。

伝統芸能は言うにおよばず、政界も経済界も、芸能界やマスコミやテレビ業界もそうだと言えるでしょう。もちろん、囲碁や将棋や、スポーツといった実力本位の世界もあります。しかし、才能があっても伸びる人とそうでない人がいます。

その才能を生かせるかどうかは、一つは、その人の意識が金持ち体質なのか、貧乏体質なのかでも異なります。**金持ち体質であれば、自分の才能が伸びるだけでなく、その才能を生かすチャンスを、無意識がグッドタイミングで用意してくれます。**

ここが、私たちの無意識の計り知れないところです。

そういう意味では、もともと金持ち体質の人は、すでに、自分の才能を磨いたり高めたりするための資本や環境が整っている場合が少なくありません。例えば、医者になろうにも、医者になるまでには相当なお金がかかります。どんなに医者の素質があったとしても、お金がなくてそのための教育を受けられなかったら、医者になることは不可能です。

つまり、最初からスタート地点に差があるのも事実なのです。

現実的な話として、何の後ろ盾も援助もコネも資本金もまったくない人が大富豪になるのは非常に困難である、ということは認めざるを得ないでしょう。

これが、一般的だと思います。

私が言いたいのは、そんな一般人が、頭の中だけで考えたりイメージを描くというだけでは、お金持ちにはならないということです。しかし、「だから、お金持ちになることを諦めろ」と言っているわけではありません。

「どんな手法を用いてでも」では、お金持ちになりにくい

たびたび言っていることですが、

「どんな手段を用いても、お金持ちになってやる！」

と強く決断している人が、自分の願った通りの方法でお金持ちになることも可能です。けれども、そういう人は、すでにお金持ちになっているに違いありません。今、そうでない人は、自分自身が「そんなやり方ではイヤだ」と言っているわけですから、「どんな手段を用いてでも」という方法でお金持ちになる可能性は、これからも非常に低いでしょう。

もちろん、ここで意味するところのお金持ちというのは、継続的に安定して順調に伸びていくという意味でのお金持ちであって、競馬や博打的な投資で一発当てるようなお金持ちという意味ではありません。

すでに大富豪、超富豪である一握りの人々が、世界のほとんどの富を独占してい

ると言われています。

そんな人たちの自伝を読んで真似をしたとしても、お金持ちもいわば、世襲制度のようなものなので、その土台がない大多数の者が一足飛《いっそくと》びに頂点を目指すには無理があります。

しかも社会構造の実態は、全体の富のほんの一部を、貧乏体質の人たちが分け合うような仕組みになっているとしか言いようがありません。多少稼いでも、その中からさらにさまざまな税金が引かれます。

お金持ちになりたいと願っていても、相撲を取る土俵が決まっているのです。その土俵で貧乏体質の人たちが「奪い合う」というのは、あたかもお金持ちたちが食べ残したものをみんなで奪い合っているようなものなのです。

しかも、そうやって争えば争うほど貧乏体質が加速されるので、お金持ちエリアから遠のくばかりだと言えるでしょう。

奪い合うことが、人生の目的になっていませんか

奪い合うという意識を改めて、チェックしてみましょう。

奪い合うという意識でいると、資源や富が潤沢にあることが目に入りません。

例えば、自分の目の前に、一兆円もの札束が無造作に積んであるとしても、自分にとってその一兆円が想定外であれば、目に見えません。

目に見えるのは、しっかりと金庫に保管してある数百万や数千万円です。

ある投資の専門家が、

「金を、玄関の砂利と一緒に置いておけば、誰も気づかない」

と言っていましたが、そんな感じです。

再三言っていますが、自分の意識の抱《いだ》き方、感じ方のレベルが、お金の所有額を決めています。それは、お金に対する実感は自分の経験によって培われたものだからです。自分にとって、リアル感をもって想起できないものは、「得られない」の

です。

「奪い合う」というのは、すでにある一定の決められた額から、どれだけ自分のものとするかというふうに、最初からお金の額が限定されています。その限定額は、自分自身が体験的に決めています。自分が無意識に想定している額です。

しかも奪い合いという意識が高じると、「奪い合い」に焦点が当たるので、「お金を得る」ことよりも、しだいに奪い合うことが「人生の目的」となっていきます。最初はお金をつかみながら奪い合っているのですが、やがて奪い合う相手に囚われていくと、「お金そっちのけ」で、争い合うようになっていくのです。

このように、自分の目的が、いつの間にかお金を得ることよりも、「奪い合う」ことにすり変わっていることにすら気づきません。

繰り返しますが、「だから貧乏人はダメだ」と見下しているわけではありません。もし、あなたがこの箇所で「見下されている」と感じたとしたら、まさにそれが戦う意識、奪い合う意識でいるために、お金を得るための情報に耳をふさいでいるということの格好の例だと言えるでしょう。

無意識の力を信じるだけで、人生が変わる

本気でお金持ちになりたいのであれば、幻想を捨てて、現実をみるべきです。

貧乏体質のまま、

「お金持ちになりたい。これをやれば、お金持ちになれるだろうか。ああすれば、いいのだろうか。どうしたら、お金持ちになれるのだろうか」

などと、幻を追いかけていても、一生、お金持ちになれないままでしょう。それとも現実をしっかりと見据えて、

「千万長者、数千万長者になろう！」

と決断するかどうかはあなたしだいです。

しかも、あなたが仮に、

「金持ちになるぞ！」

と決断したとしても、緊張して気負うことはありません。

その方法は、あなたが今まで信じてきたやり方よりも、ずっと容易です。

なぜなら、**頭であれこれ考えるより、貧乏体質三原則を少しずつ捨てていき、金持ち体質になっていけば、それだけでお金が勝手に入ってくる環境に変わっていくからです。**

あなたは、自分の無意識を味方につけて、「無意識の力」を信じるだけでいいのです。

第6章

金持ち体質になると、人生が変わる

感情を抑えるとポジティブ感情が鈍化する

勝手な思い込みで、自分に損をさせている

長年カウンセリングやセミナーをやっていると、従来の心理学や社会で一般常識や良識、ときには事実だとしていることですら、本当のことではなくて私たちが勝手にそうだと信じている「思い込み」なのではないかと疑問に思うことがたくさんあります。

例えば、私が唱えている自分中心心理学では、感情を「情報」として捉えます。

一般的には、感情は予測不能で、アップダウンが激しいし、いきなり神出鬼没のようにあらわれて、自分を脅かす厄介者として扱われます。

そのために、不安や焦りやいらだちや恐怖といったネガティブな感情が湧いてきたら、それをいかにコントロールするかという発想で、抑えることに四苦八苦します。

けれども、考えてもみてください。

感情を抑えるというのは、どういうことでしょうか。

それは、簡単に言うと、感情を感じないように、自分の感情を鈍化させたり麻痺させようとする試みであると言えるのではないでしょうか。

では果たして、自分が願った通りに、感情が鈍化したり麻痺したりすれば、どうなるでしょうか。

「わあぁ、よかったぁ。ネガティブな感情を感じなくなった。これで苦痛を味わわなくて済むぞ、万歳!!」

と諸手を挙げたくなる気持ちになるでしょうか。

まず、感情を感じないというのは、どういうことでしょうか。

感情を大きく分けると、ネガティブな感情とポジティブな感情とに分けることができます。けれどもこれは、単に分類するために用いている言葉であって、実際には、「ここからはネガティブな感情」で、「ここからはポジティブ感情」というようなはっきりした境界線があるわけではありません。ネガティブな感情もポジティブな感情も、言葉での区別はできますが、感情はどこまでも感情であって、ましてやよいも悪いもありません。

ネガティブな感情の感度が高い、低い。

ポジティブな感情の感度が高い、低い。

こんな言い方はできます。

けれども、「感情を鈍化させる。麻痺させる」というのは、感情を感じるという機能そのものを退化させる行為なのですから、同時に、ポジティブな感情の感度も低下していきます。

ポジティブな感情には、生き甲斐ややり甲斐、満足感や充足感や幸福感といったものがあります。それは、言うまでもなく、「愛」につながります。この「愛」の中には、自尊心や自負心といった、「自分の存在」を価値あるものと認め、そして実感できる自分への愛もあります。

私たちに備わっている五感の感じ方や、なんとも言葉ではあらわせない感覚の感じ方も同様です。こういった「感じる感覚」が鈍化していったら、「わあぁ、よかったぁ。ネガティブな感情を感じなくなった。これで苦痛を味わわなくて済むぞ、万歳!!」

という感情になるわけがありません。

感じる感度が退化していけば、ネガティブな感情を感じないですむ代わりに、ポジティブな感情も感じないということなのです。

そこに生きる歓びがあるのでしょうか。

苦しみから逃れて、さらに苦しんでいる!?

実際に感情が「感じにくくなっている」人たちが、増えています。

では、そんな人たちは、どうなっているでしょうか。

苦しみから解放されて、幸せになっているでしょうか。

いいえ、まったくその逆です。

感情の感じ方が鈍くなったとしても、それは単に、顕在意識で感じにくくなっているというだけで、自分の無意識はそうではありません。

あなたの無意識は細かいところまでしっかりと感じていて、そこから生まれる欲求が解消されなければ、心の澱《おり》として蓄積していきます。

ところが、感情が感じないために、自分が何に対して苦しんでいるのか、さっぱり見えません。見えなければ、解決させることもできません。

身体のどこかが痛い。それは足の裏に棘《とげ》が刺さっているからなのですが、痛みの箇所を特定できないために、「なぜか、痛い」という痛みを感じながらも、痛みの原因である棘を抜くことができない。「感情を感じない」というのは、そういうことなのです。

そのために、

「なんだか苦しい。ずっと気分が重い。生きているのがつらい。面白くない。面倒くさい。虚しい。生きる気力が湧かない。ときどき、発狂してしまうのではないかと、怖くなる」

というような状態になっています。

もちろん、お金を稼ぐ気持ちにもなりません。

「お金持ちになったら、幸せになれるのではないでしょうか」

そんなことは、ありません。

お金を儲けたとしても、やり甲斐、生き甲斐を感じないのですから、お金を儲ける意味すらなくなっていくことでしょう。

一般的に疑いもなく「感情はコントロールすべきもの」という捉え方は、まった

くもって明らかな間違いです。逆にそうすればするほど、どんどん自分を苦しめる結果となっていきます。それは、自分自身をみれば、納得できるのではないでしょうか。

しかも、「自分中心」的観点から言うと、無意識のところでネガティブな感情が増大し、否定的意識が蓄積されていくのですから、それは貧乏体質三原則を〝ものすごい勢いで積極的に育てている〟ようなものです。

これでは、お金持ちになるわけがありません。

苦労しても、幸せになれない

前記したものは、ほんの一例です。

我慢しなければならない。苦労しなければならない。したくなくても最後までしなくてはならない。困難を乗り越えなければならない。今、置かれた状況にじっと忍耐強く耐えなければならない。トラブルを起こさないために、みんなに合わせなければいけない。贅沢をしてはいけない。自分の欲求をコントロールできるようになるべきだ。

こういったものはすべて、思い込みです。しかも、ほとんどの人が無意識に、強く思い込んでいます。

大半の人たちがそれを本当だと信じていて、これができれば、幸せになれる、お金持ちになれると思っています。普段は意識にのぼらなくても、無意識のところで、そんな思いは頑固な汚れのように定着しています。

実際には、そう信じているから苦しくなる、あるいは経済的に困窮していく……。考えてもみてください。前記に列挙した意識を強く抱いている状態と、自分が幸せになっている状態とが両立するでしょうか。

そうやって苦労して、困難を乗り越えて、贅沢をやめてコツコツと身を削るような思いでお金を貯めてきた老人たちが、そんな人生のモデルです。

もし、「苦労して幸せになる」という公式が事実なら、貯蓄高一番の今の老人たちの多くが、幸せに満ちあふれた生活を送っているはずではないでしょうか。

苦労の果てに、お金の心配なく幸せになっている老人たちも少なくないでしょう。けれども彼らは、最初は貧乏体質だったけれども、少しずつ気づいて、日々の生活を経験しながら、だんだん金持ち体質になっていったからだと、私は確信をもって言えます。


このように、自分で自分の首を絞めている「間違った思い込み」が、無数にあるのです。

金持ち体質の人ほど、一般的に信じられている思い込みから解放されています。自分のベースのところで、自分が何を信じているかで、お金持ちになれるかどうかは、すでに決まってしまうのです。

自分で、自分の望みを否定していませんか

私たちの周りには、自分を不幸や貧乏の中へと押し込めてしまう不適切な思い込みであふれかえっています。

もしあなたが、そんな無数の思い込みのせめて10パーセント、20パーセントだけでも解放されたら、今あなたが「自分の願い」として心に描いているお金の額は、もしかしたら、それこそが「平均的な額」であると知るに違いありません。

例えば、

- 収入は、これだけは絶対に確保したい。
- もっと、労働時間を減らしたい。
- もっと、余暇がほしい。
- こんな家に住みたい。
- もっと、自分の趣味に打ち込む時間がほしい。

もしかしたら、あなたはこんなことを望みながらも、その一方では「贅沢をしてはいけない」と思っていませんか。自分が意識の根底のところでそう思い込んでいれば、あなた自身が自分の望みを否定しているのですから、その願いが叶うわけがありません。

一日は、24時間です。

一般的に言われる生活時間の配分は、

8時間睡眠。8時間労働。残りの8時間が雑用や余暇の時間。そして土、日、休日。

こんな時間を、あなたはどう思いますか。

改めて私が問わなければ、意識にのぼることすらなく、それを「当たり前」のことのように思い込んでいる人はいませんか。

もしこれを「当たり前」だと思ったり、「しなければならない」と考えれば、

「もう少し、寝ていたい」

「もっと、労働時間を減らしたい」

という欲求を抱いただけで、その直後には罪悪感を覚えることになるでしょう。

「もう少し、自分の好きなことをする余暇があったらなぁ」

と素直な気持ちで思ったとしても、その直後に、

「贅沢を言ってはいけない。今の生活で十分じゃないか。ありがたいことなんだから、感謝しなければ」

と、自分の欲求を打ち消して、

「ちゃんと生活できて、三度の食事ができるのだから、そんな贅沢なことを望んだら、罰が当たる」

などと、考えて自分を恥じるかもしれません。

こんなふうに、一般常識や良識や社会の規範を持ち出すまでもなく、見事に「それが当たり前」の状況を自分に刷り込んでいれば、自分の欲求をことごとく否定して、

「こんな社会だから、仕方がない」

とばかりに、貧乏であることすらも「当たり前」になっていくでしょう。

自分の根底の意識に気づいて、行動をしよう

これまで述べてきたように、自分中心に即した捉え方をするならば、すべての人が自分の意識を土台にして物事を捉え、判断し、そして選択して行動しています。この人生の土台ともなっている「根底の意識」というのは、自分の経験的レベルでの実感です。その中には、もちろん人間が進化してきた過程で獲得してきた生物的、遺伝的要素も含まれています。

私が感情と言うとき、それは一般的に言うところの感情ではなく、意識の実感も含まれています。それを前提として「感情は情報である」としているのです。

ですから、例えば、あなたが小さい頃、親に、

「贅沢なことを言うんじゃない。泣いたってダメだッ！」

などと、怒鳴られればあなたはその体験から、「贅沢をするのは悪いことだ」と強く心に刻むでしょう。

そうなれば、それは「贅沢だ」と思った途端、あなたは無意識にブレーキを踏むでしょう。そして、自ら「贅沢でない」生活へと、自分を持って行くでしょう。

しかも、私たちは無自覚に「贅沢だ」という言葉を遣ってしまっていますが、その贅沢には基準がありません。

贅沢という文字は知っていますが、実際には、これは贅沢で、これは贅沢ではないなどと、具体的な基準をもっているわけではありません。自分の中に、そんな具体的な基準もなしにこの言葉を遣っていれば、「なんでも贅沢だ」と、自分を責めることになるでしょう。

この「贅沢」もまた、人によって異なります。漠然とではありますが、自分なりに「贅沢だ」と感じるお金の基準を設けています。この基準は、それぞれ育ってきた家庭環境や社会生活の中で、無意識に自分が自分に設けたものです。

ですから、あなたにとっては「5千円」を贅沢だと感じていても、別の人は「10万円」を贅沢と考えているかもしれません。

もし、あなたが5千円を贅沢だと考えていれば、仮にあなたが5千円以上のお金を手にするチャンスがあったとしても、それを手にすることに罪悪感を覚えるでしょう。

例えば、あなたが時給1000円もあれば御の字と思っていれば、時給1万円では、「とんでもない。自分には、そんな価値はない」

と驚愕するでしょう。

お金を欲しいと思いながらも、「自分にはそんな大金を得る価値がない」と自分で思い込んでいるのですから、そんなチャンスが来たとしても、自らそれをつぶすかもしれません。

自分という視点に立つならば、こんなふうに、あなたはその岐路において、自分に対する評価通りの選択を、無意識にしているのです。

だから、金持ち体質の人は何をしてもしなくても、頑張らなくても苦労しなくてもお金持ちになるでしょう。

反対に貧乏体質の人はどんなに頑張っても努力しても、お金持ちの人のやり方を真似たとしても、貧乏になるのです。

自分の感じ方や感覚を基準にする

例えば、あなたは、

「1日の労働時間が8時間なんて、疲れる。月曜日から金曜日まで仕事をするなんて、イヤだ。朝早く起きて、満員電車に揺られて通うのが苦痛だ」

というふうに感じているとき、それでもあなたは、

「行かなければならない。頑張らなければならない」

などと、自分に強制したり、

「みんなができているのだから、自分もできなければおかしい」

と自分を責めたりしていませんか。

中には、疲れていたら、休むより、健康ドリンクやサプリメントを飲んででも、頑張らなければならないと思っている人もいるでしょう。

あるいは、自分の心に添って、

「ほんとに、これっておかしいなぁ。こんなに汲々《きゅうきゅう》とした労働時間で働くなんて絶対ヘンだ。満員電車で押し合いへし合いするのも疲れるし、プラットホームや人混みの中で、急かされるような気分で一斉に足早に歩くのだってイヤだし、これって健全な生活スタイルじゃないよなぁ」

と一点の曇りなく、自分の感じ方のほうを信じることができるでしょうか。

前者は「他者中心」で、後者は「自分中心」です。

心の中のことですから、どんなふうに考えても、自分の人生にたいした影響はないように思うかもしれませんが、まったく違うのです。

前者は、そうしなければならないと思い込んでいます。

これを人生の基準にすると、戦って耐えて頑張って、できなければ罪悪感を抱くという立派な貧乏体質になっていくでしょう。

後者は、自分の感じ方や感覚を基準にしています。また、そんなふうに感じる、自分の感じ方のほうを信じることができます。自分の心に添って、自分の望むことは可能な限り満たしていきます。自分にとって不快と感じるものは、自分で満足できる状況をつくろうと模索します。

このような生き方を基準にすれば、勝手に金持ち体質になって、自分の未来も自然と開けていくことでしょう。

自分の実感に焦点を当てた生き方をする

意識の根本が変わるだけで、言動も自然に変わる

ある会社が、こんな条件で求人募集していたとしましょう。

仕事をするのは週３日。１日の労働時間は４時間。１ヶ月の給料は、今の３倍以上支払います。

採用の条件としては、仕事も、趣味と同じような感覚で楽しめる人。楽しいと感じたら「何時間でも厭わない」となってしまうぐらいやる気のある人を募集します。

これを目にしたとき、あなたはどんなふうに感じ、どんなふうに考えましたか。

「そんなの、あり得ない。あるわけがない」と即座に否定したでしょうか。

「こんな条件があるわけがない。何か裏があるに決まっている。騙されるもんか」

と考えましたか。

「考えてみると、なるほど、そうだなぁ。仕事だけでヘトヘトになって1週間が終わってしまうなんて、ヘンな話だよなぁ。もっとゆったりと暮らせて、経済的にも豊かになっていいはずだよなぁ」

と納得する人もいるかもしれません。

もちろん、今の社会ではあり得ない話です。けれども、あり得ないからといって、今の社会のあり方が適切であるかどうかとは、別問題です。

本来、これが「ごく平均的な暮らしぶり」だとしたら、どうでしょうか。

今の社会は、あまりにも格差があり過ぎて、俄《にわか》には信じられないかもしれません。しかし、そんな偏ったバランスを、一度頭の中で払拭《ふっしょく》して、全体を均一化させてみると、実は、自分の願う金額とそれに見合う労働時間は、本当はごく当たり前のことだと言えるのです。

そうなっていないのは、あなたがさまざまな負の思い込みに冒され、貧乏体質三原則を、適切な生き方だと信じてしまったからなのです。

物事は、「意識から始まり」ます。

自分が信じる意識に添って、物事を選択し、構築していきます。

今、あなたが金銭的なことも含めて、自分の願いが叶っていないと思っているとしたら、それはあなたが貧乏体質三原則に染まっていて、自分の価値を貶《おとし》めているからだと言えるでしょう。自分の望む生活を、あなた自身が自分に許していないからなのです。

私たちが、今、当たり前だと信じていることの多くが、「思い込み」です。大多数がその思い込みを信じてしまったために、それが「真実」のように見えているだけだと言えるでしょう。

あなたは、そんな思い込みから、貧乏体質三原則を、あたかもお金持ちになる方法、幸せになる方法だと思い込んでしまったのです。

こんなさまざまな思い込みから解放されれば、もっと自由な時間があって、何倍もの収入があるのが当然であることに納得するでしょう。

自分の意識の根本が変わるだけで、あなたの言動も自然と変わります。

「経済的にも時間的にも、自分が今、望んでいることが、本当はごく平均的なレベルなんだ」

この言葉を何度も何度も、繰り返し呟いてほしいものです。そしてもし、このことが、あなたの中で〝腑に落ちるほどの感覚〟が起こったら、あなたはそれだけで、自然とお金持ちになるための言動をとりはじめるでしょう。

そのとき、あなたが「金持ち体質に変化する」瞬間なのです。

意識を金持ち体質に変化させていく

意識は、非常に質の高い実感だと言えるでしょう。それは、思考や言葉ではありません。

思考や言葉は、意識および、実感を惹起するものです。

思考自身に力があるわけではなく、考えるという刺激によって、自分の中に蓄積されている情報が引き出され、それらの情報の集合によって、いわばホログラム（図柄）が形成されます。けれども、それらの情報には個々のバイヤスがかかっているので、できあがったホログラムが、他者と共通ということはありません。

例えば、リンゴは丸いと文字に書いたとき、リンゴを立体的に想起できなければ、リンゴは丸いに限定されてしまいます。

自分に想像力があれば、「リンゴは丸い」と書いてあったとしても、リンゴの色、艶、張り、弾力、新鮮さ、匂い、味、形状といったものが想起できるでしょう。

想像力がなければ、リンゴは丸いという形だけの情報で終わります。

あるいは、リンゴをかじったとき、それが甘いのか酸っぱいのか、どんな味がするのかは、自分の味覚の感じ方によっても微妙に異なります。

また、リンゴにまつわる思い出があるとしたら、それも情報として加算されるでしょう。例えば、病気のときに相手がリンゴをむいてくれた、リンゴを食べたとき下痢になって苦しんだといった、感情を伴う経験として記憶されるものは、とりわけ強烈です。そのために、場合によってはそれらの情報が織り込まれることで、「リンゴ」というものの実像とは、遠くかけ離れたものとなっているかもしれません。

こんなふうに、私たちは一見、同じ情報を共有しているつもりであっても、その受け止め方、捉え方、感じ方は千差万別で、自分は「相手も自分と同じものを見ている」と思っているとしても、まったく違ったものを見ているかもしれないのです。

ですから、「お金持ちになりたい」と呟いたとしても、その言葉をどんな〝実感〟で迎えているかが重要ポイントで、ある人は、

「(でも)どうせ、お金なんて、自分には縁がない」

という心が閉じた気分を実感しているかもしれません。

別の人は、

「そうか。なんとなく、わかったぞ。自分の意識が重要なんだ。お金儲けのコツを知ったから、今度は実現しそうな気がして心がウキウキしてくる」

という心が開いた明るい気分を実感しているかもしれません。

あるいは、もっと簡単なのは、前記しているように、

「経済的にも時間的にも、自分が今、望んでいることが、本当はごく平均的なレベルなんだ」

これが既成の事実として自分の中に存在すれば、苦労することなく、お金が入る金持ち体質になっていくことでしょう。

プロセスにおける ポジティブな実感がお金を生む

同じようにお金持ちになる方法を実践したとしても、お金持ちになる人とならない人が出てくるのは、こんな実感（意識）の違いがあるからです。

しかし、その違いを言葉で正確に伝えることは困難です。ここに言葉の弱点があります。

だから、「感じること」が、重要だと言うのです。

そういう意味で言うと、仮にあなたがお金持ちになるという目標を達成したとしても、重要なのは、そのプロセスです。

例えば、
・激しいバトルの繰り返しの末に、お金持ちになった。
・時間はかかったけれども、ゆっくりと、自分のペースでラクに、そのプロセスを味わい楽しみながら、だんだんお金持ちになっていった。
両者とも、「お金持ちになった」という結果は同じです。

ただ、お金持ちに至るプロセスが違います。

このプロセスはまた、自分の人生パターンそのものです。

前者のように「戦いの末」というのがプロセスであるとするならば、あなたには常に戦いやトラブルがつきまとうでしょう。そのために、「戦いの末」にお金持ちになったとしても、戦いによって禍根《かこん》が生じ、いずれまた、その禍根が争いの火種となっていくでしょう。

しかし、他方のゆっくりと自分のペースで、そのプロセスを味わい楽しみながらお金持ちになっていったとしたら、それはこれからも「継続的に、着実に、ラクにお金持ちになれる」ことを意味しています。

なぜなら、それがすでに自分の言動パターンとして、定着しているからです。

それが続けば、「未来も保証」されます。これが「金持ち体質」ということなのです。

才能より、意識を優先させる

例えば、「長寿」というと、私は画家や書家、職人さん、農業に従事する人といった方々が頭に浮かびます。

そんな人たちに共通するのは、時間に縛られずに、あるいは自然と共に生きて、自由にマイペースで、自分の好きなことに没頭している人たちです。そんな彼らに、肩書きや地位や権力といったものにしがみついている姿をイメージすることはできません。

彼らは、悠々自適で自分の生活を満喫しています。

彼らは、無から有を生み出しています。

では彼らは、才能があったから、そうなっていったのでしょうか。それとも、そんな生き方を選んだから、才能が開いたのでしょうか。

「鶏が先か卵が先か」の論争のように、どちらが先とは言えませんが、意識が人生の土台となる、という観点から捉えるならば、〝生来の自由性〟が根底に根づいていて、この意識のほうが、才能よりも先だと思っています。

なぜなら、さまざまなことに対して自分の心が自由であればあるほど、自分の生まれもった才能を「試したい。延ばしたい。磨きたい」という私たち本来がもっている欲求が湧き上がるからです。好きなことに夢中になって、集中的に10年もやれば、誰でもその道の専門家になれるでしょう。

このゆっくりと、ラクに楽しみながらという意識は、「才能を生かす。お金持ちになる。幸せになる」に共通する意識です。ですから、お金だけに執念を燃やして頑張ることもありません。むしろ、時間的にいうと、この「ゆっくりとラクに、楽しみを味わいながら」のほうが、「戦いながら」よりも、確実に、またはるかに早くお金持ちになれるでしょう。

「ゆっくりとラクに、楽しみながら」を大切にする

「ゆっくりとラクに、楽しみを味わいながら」

ここに焦点を絞って、実感することに集中していくことが、また、貧乏体質三原則から卒業する最短コースとも言えます。

たったこれだけです。

損得に囚われて、お金儲けのことに固執する必要もありません。そんな無駄に疲れることはやめましょう。それよりも、

・普段の小さな場面で、我慢しないで、自分の欲求を叶えてあげて、〝満足を実感した〟。
・いつも断れない人に、断ることができて、自分の中に〝誇らしさを覚えた〟。
・手伝えなくて相手に申し訳ないと思ったが、この罪悪感は必要ないのだと気づけて〝ほっとした〟。
・今まで、なかなか人に頼むことができなかったが、勇気をもって頼めたとき、そんな自分が〝うれしかった〟。
・いつも争ってばかりいる相手に、一言「争いたくないんだ」と、そう言えただけで、自分に〝力強さ〟を感じた。
・「傷つけ合うのはイヤだから、やめるね」と言って、争いそうになる場面から降りることができて〝自負心を感じた〟。

こんなふうに、「自分の実感」のほうに焦点を当てた生き方をしましょう。

あなたの、この一つ一つの実感が、「お金」なのです。

あなたが「自分を大事にすること」を目指して、一つラクになり、一つ強くなり、一つ自由になる。そして、それを実感することが、未来のお金をつくります。

お金は、「奪うもの」という発想も消えていくでしょう。

現実的には、格差の大きい社会です。

バランスという見方をすれば、そんな格差社会を助長しているのは、大多数の人が「貧乏体質三原則」に感染しているからです。

けれども今、あなたが、他者中心から自分中心になって、金持ち体質の人たちが増えれば増えるほど、こんな「競争して奪い合う」という社会の仕組みは壊れ、1ケ所に集まっていたお金が四方へと散っていくでしょう。

そうなれば、全体の富が均等に行き渡るようになっていくでしょう。

もちろん、そんな理想の社会は、遠い世界のことであっても、少なくともあなただけは、ラクにお金が入る金持ち体質になっていきます。

あなたは、自分のこれまでのさまざまな思い込みから解放され、日々ポジティブな実感を積み重ねていくだけです。

それだけで、あなたの前に立ちはだかっていた巨大な扉が開け放たれ、お金持ちの階段を昇りはじめるのです。

金持ち体質・貧乏体質の診断チェック

最後にあなたが「貧乏体質・金持ち体質」か診断チェックをしてみましょう。

あなたが、金持ち体質か貧乏体質かを調べるチェックリストになります。該当するものにチェックを入れて、それぞれ何個該当したかを記入してください。

貧乏体質チェックリスト

□　個

- □ 気がつくと、息をとめて仕事をしていることがある
- □ 行動したほうがいいとわかっているが、実際に行動するまでに時間がかかる
- □ 決めてから行動したほうがいいので、よく考えるほうだ
- □ いつもギリギリになるまで我慢して、最後に決断する
- □ 相手の言ったことが間違っていると、自分の正しさを主張したくなる
- □ 相手が間違ったことをしていると、注意して正したくなる
- □ 相手に頼まれたときは、助け合うべきだ
- □ 相手に否定されたら、何が何でもわかってもらおうとしてしまう
- □ 相手に間違っていると言われたら、相手に、自分の正しさを認めさせたくなる
- □ もし、親に結婚を反対されたとしたら、親が認めるまで説得しようと思う
- □ 相手が約束の時間に遅れると電話してきたら、暇をつぶしながら気長に待つことができる
- □ イヤな同僚がいると、その言動をよく観察しているので相手のことがよくわかる
- □ 問題が起こったときは、熟考し、客観的な判断をして決めなければと思っている
- □ 何事も、やると決めたら最後までやり通すことが自信につながるはずだ
- □ 成功するには、さまざまな苦難に耐えて、それを乗り越えるだけの精神力が大切だ
- □ やりたいことの方向性がわかっても、目的をはっきりと決めるまで行動しない
- □ 職場で、部下が仕事で頭を抱えているとわかったら、積極的に指導する
- □ 周囲が忙しそうにしているとき、自分がゆっくりしていると罪悪感が起こる
- □ 相手に自分の間違いを指摘されても、素直に受け入れることができない
- □ 自分の夢をイメージしていると、それが叶うと信じている
- □ 自分に理想とする人がいる、あるいは理想とするものがある
- □ 相手の優れているところをみると、自分もそれができなければと思う
- □ 完璧主義で、すべてを完璧にやらないと気がすまない
- □ したいと思ったら、今すぐにそれを叶えたいと思う
- □ 行動をするとき、頭の中で損得勘定を考えていることが多い
- □ ＡとＢを比較して、「どっちが得かなぁ」などと考えてしまう
- □ アナログ時計で、時間を知るのは面倒くさい
- □ 一つのものを完成させるとき、一気に最後までやってしまいたくなる
- □ 相手が話をしているとき、その上にかぶせて話をしてしまうことがある
- □ 相手の話を聞いていなかったり、相手の話が心に残っていないことが多い
- □ 相手のことを知った上で、行動したほうがうまくいく
- □ 相手の言動を知るために考え、分析し、そして動いている
- □ 少し動いたぐらいでは、物事は変わらないと思う

金持ち体質 貧乏体質の診断チェック

金持ち体質チェックリスト

□個

- □リラックスしたゆったり感を感じながら、仕事をしている
- □頭の中で考えるより、自分の感覚を信じて直感的に行動することが少なくない
- □決めるために行動をするという発想をもっている
- □相手が感情的になっても、相手の感情にのらないでいることができる
- □相手に頼まれたとき、引き受けるかどうかは自分の気持ちで決める
- □相手に否定されても、自分の望むほうを選択することができる
- □相手に反対されたら、急がないで時間をかけることも厭わない
- □もし、親に結婚を反対されたとしても、自分が選んだ人と結婚する
- □相手が約束の時間に遅れると電話してきたら、帰るという行動もとれる
- □イヤな同僚がいると、相手に対する自分の心の動きや言動をよく観察している
- □問題が起こったとき、自分の感じ方を信頼して、早めに具体的に対処している
- □やると決めたとしても、自分の気持ちしだいでは、途中でやめることも厭わない
- □いつも、楽しいことに取り組むことができるので、結果はさほど気にならない
- □やりたいことの方向性がわかると、後は目の前で起こっている「今」に専念できる
- □職場で、部下が仕事で頭を抱えているとわかっても、すぐにお節介を焼かない
- □相手に自分の意見を否定されても、あまり気にせずに自分の意見を優先できる
- □周囲が忙しそうにしていても、自分の仕事が一段落ついたら一休みできる
- □結果よりも、プロセスのほうが重要だとわかっている
- □人と比較するより、過去の自分と今の自分を比較することが多い
- □人の優れたところを、心から認めることができる
- □頭で考えるより、「自分の欲求や感情」を基準にした決め方をしている
- □行動をするとき、思考よりも「感じ方」のほうを基準にしている
- □時間を知るとき、アナログ時計が頭に浮かぶ
- □一つのものを完成させるとき、一つ一つ、仕上がりを確認していく
- □話をするとき、相手の話に耳を傾けることができる
- □相手と話をしているとき、聞くのを苦痛に感じたら、断ることができる
- □相手が一生懸命説得してきても、自分の心が影響されることはあまりない
- □相手の言動に対して、自分がどう感じるかに焦点が当たっている
- □物事を実行するとき、いつも「できるところから」を心がけている
- □少し行動すれば、全体が変化するということを経験で知っている
- □物事を決めるとき、可能な限り自分の思いに寄り添う選択ができる
- □物事を決めるとき、「みんな」や社会規範や一般常識には囚われない
- □相手の質問に答えられなくても、即答できなければならないとは思わない

貧乏体質のチェック数が多い人

診断をやってみて、もし、貧乏体質の数が多いとしたら、あなたが今のやり方でお金持ちになることは「無理だ」と自覚してほしいです。

貧乏体質と金持ち体質には、決定的な違いがあります。

貧乏体質は、他者に基準を置いていて、それを基準にして、「思考」で自分の判断や行動を決めようとします。これを私は、「他者中心」と呼んでいます。

他者中心の意識には、自分の「欲求や感情」が、すっぽりと抜け落ちています。

損得勘定は、その典型です。自分の欲求に気づいていないために、目先の損得に惑わされ、無意識的には確実に「損をする」動きをしていきます。

本書では、「罪悪感、我慢、戦う」を貧乏体質三原則と呼んでいます。これらはすべて「他者中心」の意識から生まれます。

この貧乏体質三原則の一つである罪悪感は、「思考で生きている人」ほど強くなります。なぜなら、物事をすべて「すべき。しなければならない。したほうがいい」を基準にするので、できなければ、それがすべて罪悪感となるからです。もちろん、これは自分をどんどん貧乏にしていく、無用の罪悪感です。お金持ちになると罪悪感を覚えるのですから、無意識に「貧乏になる」ことが願望となってしまうので、貧乏になるのは、川の流れのように当たり前なのです。

我慢するというのは、お金持ちになることを「我慢する」ようなものです。お金持ちになることを我慢するのですから、お金持ちになるわけがありません。

圧倒的多数の人が、「競い合って勝たなければ、お金持ちになれない。幸せになれない」と信じています。

他者と自分を比較して対抗意識を燃やしたり戦ってしまう人は、お金より「戦うこと」が言わば人生の目的となっていて、相手と戦うことでエネルギーを消耗してしまうので、お金儲けに力を注ぐこともできません。敵をつくるので、ますますお金持ちとは縁遠くなるでしょう。結局、争って勝ったとしても、そのときは自分もボロボロになっているので、お金持ちになる確率は非常に低いでしょう。

善良だから、お金持ちになれない!?

もちろん、貧乏体質だからといって、お金持ちになれないわけではありません。

もしかしたら、一般的なお金持ちよりも、巨万の富を築くことができるかもしれません。

とはいえ、貧乏体質の人が大金持ちになるには、いくつかの〝心の関所〟を通らなければなりません。

その関所とは、こんなものです。

・人を傷つけても、さほど心が動かない。
・自己愛のみで、共感性がない。
・共感性がなくても、あたかもそれがあるがごとくに振る舞える。
・心の底に、すごい憎しみを潜めていながら、そんな感情を、しっかりと鉛の箱にしまっておける。

・お金だけが、人生の目標になっている。当然、家庭環境は破綻していて家族関係は修羅場になっている。

・お金を出して動く人たちしか寄ってこないことを、承知している。

・利害関係で自分に損失を与える人間に対しては、脅してやめさせることができる。

・絶えず裁判を抱えて戦っていても、めげずに耐えられる。

・裏切られたら、その裏切り者に制裁を加えることができる。あるいは、裏切る立場だったら、制裁を加えられることを覚悟している。

・肉親であっても、敵対すれば、容赦《ようしゃ》なく切り捨てることができる。

・恐怖や憎悪を抱えていても、それに耐えられる。

こんな人間になることが条件です。

こんな生き方ができない人には、最初から無理です。

「じゃあ、今から、こんな生き方をしてやる」

と思ったとしても、あなたが今、お金持ちになっていないのであれば、やっぱり無理です。どうしてお金持ちになっていないのか？

それはあなたが、「善良だから」です。

仮にそんな生き方をしていても、お金持ちになっていないとしたら、やっぱりそれはあなたが善良だからです。

善良な貧乏体質の人であれば、何をどうやっても罪悪感が起こります。また、我慢をします。この我慢も「怖い人には従わなければならない。イヤだと思ってもしなければばならない」というような恐怖からの我慢でしょう。

これでは、貧乏体質三原則に限りなく近くなるだけなので、非現実的です。

ですから、「心の関所」を越えられない人は、最初から、そんな生き方でお金持ちを目指すことは、〝きっぱりと諦めましょう〟。

諦めてさっぱりした気分になって、金持ち体質を磨いたほうが、お金持ちになれる確率は、はるかに高くなるのではないでしょうか。

金持ち体質のチェック数が多い人

金持ち体質は、自分に基準を置いていて、自分の欲求や感情を基準にして、可能な限り、自分の心に添おうと思うし、添えるような行動をしようとします。

そのために、「自分の心」と「思考や行動」とに矛盾が生じません。これを私は、「自分中心」と呼んでいます。

自分中心の生き方は、すべてのことに通用します。

心理学というと、心の問題、不適切な嗜癖《しへき》の改善、人間関係の問題といったものだけという印象があるかもしれません。けれども、そうではありません。今回のテーマであるお金持ちになるというだけでなく、仕事や会社経営にも通用します。

むしろ、私の目からは、

「そんな雑なことをしていて、よくまぁ、会社がもっているな」

と妙に感心してしまう、そんな会社も実際少なくありません。

ただ、目先の現象や目先の利益に囚われていれば、それにかかわる人の意識が、貧乏体質に応じた言動をとっていくので、自然淘汰のごとく崩壊へと向かいます。なぜなら、そこにかかわる人たちすべてが、すでに意識の根底で「豊かになること、潤うこと、うまくいくこと、順調に発展すること」を否定しているからです。

目に見える現象は、表層的なものであるに過ぎません。

否定的な意識が土台となっているのですから、どんなに目に見えるところを修正したとしても、どんなにお金をつぎ込んだとしても、会社の方針ではそれが最善の選択のように見えたとしても、それにかかわる人たちの「意識の総和」が、すでに結果を決めています。後は、自分たちが望む結果へと、自分たちの手で自分たちを導いていくだけ、ということなのです。

相談者の方々の中には、会社の経営者や重要な立場の人たちもいます。お金持ちも貧乏な人たちもいます。

個人的な問題で訪れていても、根底の意識が変わると、それに伴って〝自動的〟に言動パターンが変わります。そのために、副次的《ふくじてき》にさまざまな成果が得られたという報告例をたくさんいただいています。

例えば、

・慢性的に倒産の危機にあった状態から脱出できた。
・会社を立て直せた。
・会社の業績が上がった。
・全体がスムーズに流れるようになった。
・独立して起業できた。
・会社で評価されるようになった。
・昇格した。
・お金持ちになった。
・能力が伸びてきた。

こんなふうに、**金持ち体質になれば、頭であれこれと考えなくても、無意識が、自然と、自分の望む方向へと自分を運んでくれます。**

自分の人生の土台となる意識が根底から変わるのですから、状況がよくならないわけがないのです。

自分の意識が変われば、望む方向へ向かって行く

超大金持ちになれなくても、１０００万から数千万の小金持ちには、誰でもなれるはずです。私たちには、そんな潜在能力が、もともとあるのですから。

それにストップをかけているのは、自分自身です。

自分の意識が変われば、無意識が勝手に自分の望む方向へと誘ってくれます。

常々、言っていることでもあるのですが、この世のすべてのものが、バランスで成り立っています。

自分の心も、「肯定的な意識」と「否定的な意識」とのバランスです。

「否定的な意識」の分量が多ければ、それに即して「否定的な結果」になるように

自分が選択し行動していくでしょう。

「肯定的な意識」の分量が多ければ、それに即して「肯定的な結果」になるように自分が選択し行動していくでしょう。

「肯定的な意識」の分量と「肯定的な意識」の分量が、いろいろな状況でそれに応じてバランスをとり合っているのが、あなた自身なのです。

こんな話をしてもなお、

「自分が貧乏になる選択をしているのか、お金持ちになる選択をしているか、わからないことが多いと思うのですが、どうしたらわかるのですか」

もしあなたが、こんなふうに問いたくなるとしたら、まだあなたは「他者中心」の貧乏体質ウイルスに感染しています。

貧乏体質の人たちが、目先のメリットに囚われて動くのは、全体構造を、立体的に捉えることができないからです。

それは、人間の欲求や感情を軽視しているからです。

人は、ロボットのように反応するわけではありません。機械のように、寸分の狂いなく動くことはできません。

誰もが、自分の欲求や感情で動いています。理論的に考えているつもりであっても、自分の根底の意識が否定的であれば、最初からその論理性は成立していない、と言えるでしょう。感情や欲求を無視して、頭で考えても、計算通りにいくわけがないのです。

むしろ、我々の土台となっている意識が、その意識によって物事を選択し、行動へと駆り立てるとしたら、意識の原材料とも言うべき欲求や感情のほうが、思考で捉えるよりもより緻密で立体的、かつ正確だと言えるでしょう。

金持ち体質になれば、お金も幸せもついてくる

改めて、では、どうしたら金持ち体質になれるのでしょうか。

これまで述べてきたように、それを知るには、単に「自分の心を感じる」ことで

す。

そして、自分の感じ方を信じることです。

あなたが否定的な気持ちになるとしたら、それは、自分の中で、自分を愛することと、その選択と行動が、不調和を起こしているからです。

例えば、やりたくないと思っているときに、それを自分に強制すれば、否定的な気分になるでしょう。

我慢しているときも、争っているときも、罪悪感を覚えているときも、決して気持ちよくならないのは、自分の中で、自分の心とやっていることが不調和を起こしているからです。

不調和を起こしていれば、不調和なことが起こります。

焦っていれば、焦る結果となります。

常に不安を抱いていれば、不安を抱く結果となります。

他方、自分の心を大事にして、それに添った考え方や行動をすれば、緊張がほぐれて心が軽くなります。心地よい気分になります。満足感や充実感や幸福感を覚えます。

調和しているので、その結果も調和しています。

無意識が起こすことは、自分の心と矛盾していません。

無意識は、あなたが心で感じていることを、そのまま忠実に再現してくれるのです。

ですからまずは、自分の心を感じ、自分の感じ方を信じることから始めましょう。最も基本的なことかつ、最も重要なことです。

これが、あなたが金持ち体質になる、最短で最高の方法なのです。

金持ち体質になれば、お金も幸せも、比例して勝手についてくるというのが、私たちに備わっている、生来の能力なのです。

装丁
金井久幸
［TwoThree］
イラスト
小林昌子
DTP
アイ・ハブ
校正
東京出版サービスセンター

[著者紹介]
石原加受子（いしはら かずこ）

心理カウンセラー。「自分中心の心理学」を提唱する心理研究所「オールイズワン」代表。

日本カウンセリング学会会員、日本学校メンタルヘルス学会会員、日本ヒーリングリラクセーション協会元理事、厚生労働省認定「健康・生きがいづくり」アドバイザー。

「自分を愛し、自分を解放し、もっと楽に生きる」ことを目指す、自分中心心理学を提唱。性格改善、対人関係、親子関係などのセミナー、グループ・ワーク、カウンセリングを28年続け、多くの悩める老若男女にアドバイスを行なっている。

現在、無料メルマガ『楽に生きる! 石原加受子の「自分中心」心理学』を好評配信中。

著書に『仕事も人間関係も「すべて面倒くさい」と思ったとき読む本』（中経出版）、『コレだけで、あなたの生き方は一瞬にして変わる』（大和書房）、『期待に応えない生き方 他人に合わせないで自分をとりもどす』（パブラボ社）、『願いが叶う人の「無意識」の習慣』（ぱる出版）など著書多数。

http://www.allisone-jp.com/

金持ち体質と貧乏体質

2016年11月5日 初版第一刷発行

著者 石原加受子
発行者 栗原武夫
発行所 KKベストセラーズ
〒170-8457
東京都豊島区南大塚2-29-7
電話03-5976-9121（代表）
印刷所 錦明印刷
製本所 フォーネット社

ISBN 978-4-584-13751-2 C0030